Baczko / Trilsch, Escher · Die Vorsorgemappe

Bibliografische Information der Deutschen Nationalbibliothek

Die Deutsche Nationalbibliothek verzeichnet diese Publikation in der Deutschen Nationalbibliografie; detaillierte bibliografische Daten sind im Internet über http://dnb.ddb.de abrufbar.

ISBN 978-3-448-09957-7 Bestell-Nr. 07230-0002

Redaktionsanschrift: Postfach 13 63, 82142 Planegg/München
Hausanschrift: Fraunhoferstraße 5, 82152 Planegg/München
Telefon (089) 8 95 17-0
Telefax (089) 8 95 17-2 50
Internet: www.haufe.de
E-Mail: online@haufe.de
Produktmanagement: Bettina Noé

Lektorat: Ulrike Rudolph
Umschlag: Kienle gestaltet, Stuttgart
DTP: Ulrich Leinz, 10829 Berlin, Agentur: Satz + Zeichen Karin Lochmann
Druck: Franz X. Stückle, 77955 Ettenheim

Michael Baczko
Constanze Trilsch

Escher. Der MDR-Ratgeber

Die Vorsorgemappe

Testamente, Vollmachten, Verfügungen

Inhalt

Vorwort

Liebe Leserinnen, liebe Leser,

was passiert, wenn Ihnen morgen etwas zustößt? Diese Frage hat sich jeder von uns schon einmal gestellt. Es fällt sicher nicht leicht, eine Antwort zu finden – denn was sollte nicht alles für den Ernstfall geregelt sein? Da gibt es viele Dinge: von der Patientenverfügung über das Verfassen eines Testaments bis hin zur Hinterlegung Ihrer Kontoverbindungen an einem sicheren Ort.

Der große Erfolg unserer bisherigen Begleitbücher zur Sendung „Escher. Der MDR-Ratgeber“ hat uns erneut darin bestärkt, Ihnen mit Büchern weiterführende Informationen zu Themen zur Verfügung zu stellen, die in unserer Sendung behandelt werden. Zahllose Rückmeldungen und Ihr positives Feedback haben uns gezeigt, dass es uns gelungen ist, mit den Büchern manch offene Frage zu beantworten, die in 45 Minuten Sendezeit nicht behandelt werden kann.

Aus diesem Grund haben wir uns entschlossen, Ihnen bei diesem ernsten Thema mit einer Mappe eine Hilfe an die Hand zu geben, mit der Sie wichtige Fragen für die Zukunft einfach und rechtssicher regeln können. Denn gerade hier haben Sie, liebe Zuschauer, die Möglichkeit, selbst zu gestalten: Wie schreiben und hinterlegen Sie Ihr Testament? Wie legen Sie fest, wer im Ernstfall Ihre Angelegenheiten regelt? Wie hinterlegen Sie die wichtigsten Angaben über Ihre finanziellen Verhältnisse? Und was sollte in einer Patientenverfügung stehen?

Die vielen Muster und Formulare in dieser Mappe sollen Ihnen helfen, sich zu orientieren und nichts zu vergessen. Zusätzlich wird alles Wichtige erklärt. Als Autoren konnte ich dazu gleich zwei erfahrene Anwälte gewinnen, die aus jahrelanger Praxis wissen, wo am häufigsten Probleme entstehen. In meinen Augen haben sie es wunderbar verstanden, die juristische Materie in eine leicht verständliche Anleitung zu verwandeln. Überzeugen Sie sich selbst – ich freue mich auf Ihre Rückmeldungen!

Ihr

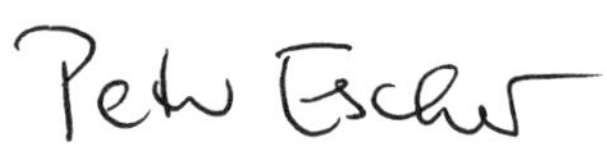

Teil I:
Vorsorgen für den Fall der Fälle

Vorsorge ist für uns alle wichtig!

Solange man jung und gesund ist, schiebt man das Thema „Vorsorge" gerne beiseite. Doch wie schnell kann es passieren, dass man aufgrund von Krankheit oder eines unvorhergesehenen Unfalls, aber auch aufgrund altersbedingter Beschwerden nicht mehr ausreichend in der Lage ist, sich um seine eigenen Angelegenheiten zu kümmern! Hieraus können sich eine Reihe von Problemen ergeben, wenn man nicht rechtzeitig Vorsorge getroffen hat.

Vorsorge für den Krankheits- und Pflegefall

Um für den Fall der Fälle vorzusorgen, haben Sie im Wesentlichen vier verschiedene Möglichkeiten, von denen Sie eine einzelne, aber auch – noch besser – alle gemeinsam auswählen können. Es sind dies

- Die Vollmacht,
- die Vorsorgevollmacht,
- die Patientenverfügung und
- die Betreuungsverfügung.

Mit einer Vollmacht (§ 164; 167 BGB) bevollmächtigen Sie jemanden, in Ihrem Namen umfassend zu handeln (Generalvollmacht) oder nur in bestimmten Bereichen (beschränkte Vollmacht). In bestimmten Fällen (z. B. Verfügungen über Grundstücke) muss die Vollmacht notariell erteilt sein. (Näheres zur Form siehe Seite 18.)

Die Vorsorgevollmacht ist eine spezielle Vollmacht. In einer Vorsorgevollmacht bevollmächtigen Sie im Gegensatz zu einer „normalen" Vollmacht jemanden, erst dann in Ihrem Namen zu handeln, wenn Sie nicht mehr ausreichend handlungsfähig sind, in der Regel, wenn Sie gesundheitsbedingt nicht in der Lage sind, selbst zu handeln.

Die Patientenverfügung (§ 1901 a BGB) betrifft den gesundheitlichen Bereich. Als Patientenverfügungen werden schriftliche Erklärungen eines einwilligungsfähigen Volljährigen bezeichnet, in denen dieser die Nichteinwilligung oder Einwilligung in noch nicht unmittelbar bevorstehende Untersuchungen seines Gesundheitszustandes, Heilbehandlungen oder ärztliche Eingriffe für den Fall einer späteren Einwilligungsunfähigkeit bezeichnet (Gesetzesbegründung zur Neufassung des § 1901 a BGB). Seit 01.09.2009 ist die Patientenverfügung gesetzlich geregelt. In diese Neuauflage werden die neuen gesetzlichen Regelungen hierzu dargestellt.

In der Betreuungsverfügung (§ 1901 b BGB) äußern Sie Ihre Wünsche für den Fall, dass vom Gericht eine so genannte rechtliche Betreuung (§ 1896 BGB) eingerichtet wird, insbesondere, wer als Betreuer bzw. wer auf keinen Fall als Betreuer eingesetzt werden soll.

ALLE VIER VERFÜGUNGEN MÖGLICHST GLEICHZEITIG ERRICHTEN

Es handelt sich also um vier unterschiedliche Willenserklärungen. Da jedoch das eine ohne das andere im Fall des Falles eventuell nicht wirksam durchgesetzt werden kann, empfiehlt es sich, alle vier Willenserklärungen möglichst gleichzeitig zu errichten. Am sichersten gehen Sie, wenn Sie sich durch einen Anwalt oder Notar beraten lassen und (Vorsorge-)Vollmacht, Patientenverfügung und Betreuungsverfügung notariell beurkunden lassen.

Zuschauerfrage an die Redaktion „Escher. Der MDR-Ratgeber"

Frau J. aus Bautzen:

„Meine Tochter, 18, wird bald am Herzen operiert. Wir wollen deshalb Vorsorge treffen. Was müssen wir tun?“

Da Ihre Tochter volljährig ist, können Sie selbst nichts tun, nur Ihre Tochter kann, wenn sie es will, entsprechende Vorsorge treffen. Dazu hat sie folgende Möglichkeiten:

die Errichtung einer

- Vollmacht (siehe S. 10),
- Vorsorgevollmacht (siehe S. 10),
- Patientenverfügung (siehe S. 26),
- Betreuungsverfügung (siehe S. 38),
- eines Testamentes (siehe S. 44).

Vorsorge für den Todesfall

Niemand denkt gerne daran, aber jeder von uns wird einmal sterben.

Damit Sie sichergehen können, dass nach Ihrem Tod Ihr Vermögen in die richtigen Hände gerät, Sie eine Bestattung erhalten, die Ihren Vorstellungen entspricht, und dass Ihre Angehörigen es nicht über Gebühr schwer haben, sich in Ihren Unterlagen zurechtzufinden und sich schnell einen Überblick verschaffen können, ist es wichtig, dass Sie frühzeitig entsprechende Regelungen treffen.

Dies können Sie einerseits durch ein Testament bzw. einen Erbvertrag tun. Zum anderen können Sie mithilfe der Vorlagen im zweiten Teil dieses Buches übersichtliche Verzeichnisse anfertigen, die Ihren Angehörigen in der Trauerzeit wenigstens die Behördengänge ein klein wenig leichter machen.

Vollmacht

Es können immer wieder Situationen eintreten, in denen Sie wichtige Dinge nicht selbst erledigen wollen oder können, sondern andere dies für Sie tun sollen oder müssen. Das muss nicht krankheitsbedingt sein, auch ein längerer Auslandsaufenthalt etwa könnte Sie daran hindern, sich der Angelegenheit selbst anzunehmen. Oder Sie möchten einfach, dass andere Sie vertreten, da Sie aus sonstigen Gründen keine Zeit haben. Für diese Fälle können Sie jemandem eine Vollmacht erteilen, damit auch im Verhinderungsfall notwendige Dinge für Sie erledigt werden können, z. B. Kündigung und Abschluss von Verträgen, Schriftverkehr mit Behörden etc. Überschreitet der Bevollmächtigte seine Kompetenzen, so haftet er dafür.

ACHTUNG **FAMILIENMITGLIEDER NICHT AUTOMATISCH VERTRETUNGSBERECHTIGT** ACHTUNG

Ein weit verbreiteter Irrtum ist es, dass Ehegatten, Eltern oder Kinder jemanden im Verhinderungsfall automatisch vertreten können. Dies ist nicht der Fall. Möchten Sie sicherstellen, dass Ihr Ehegatte, Ihre Kinder oder Eltern Sie im Verhinderungsfall vertreten, benötigen diese eine ausdrückliche Vollmacht von Ihnen.

Vorsorgevollmacht

Im Gegensatz zu einer normalen Vollmacht, mit der der Bevollmächtigte Sie jederzeit vertreten kann, ist Sinn und Zweck der Vorsorgevollmacht, dass der Bevollmächtigte davon nur Gebrauch machen darf, wenn Sie krankheits- oder behinderungsbedingt nicht in der Lage sind, notwendige Angelegenheiten selbst zu regeln.

Ohne Vollmacht: Amtsbetreuung

Viele Menschen glauben, dass die nahen Angehörigen automatisch handeln und entscheiden können, wenn der Betroffene nicht selbst notwendige Erklärungen abgeben kann, sei es aus Altersgründen, in medizinischen Notfällen, nach einem schweren Unfall oder aus sonstigen Verhinderungsgründen. Das ist aber nicht so. Sind Sie – völlig oder auch nur teilweise – nicht mehr in der Lage, für sich zu sorgen und insbesondere Ihre finanziellen Angelegenheiten zu regeln, kann auf Anregung von Behörden, Krankenhäusern, Pflegeheimen, aber auch von Angehörigen oder anderen Personen das Betreuungsgericht einen Betreuer bestimmen.

Treffen Sie unbedingt Vorsorge: entweder durch rechtzeitige Erteilung einer Vollmacht an eine Vertrauensperson oder durch Errichtung einer Vorsorgevollmacht oder Betreuungsverfügung, wenn Sie wollen, dass eine Person Ihres Vertrauens Ihre Interessen wahrnimmt. Haben Sie zuvor nicht entsprechende Wünsche geäußert, so kann es passieren, dass Ihnen eine vollkommen unbekannte Person als Betreuer „vorgesetzt" wird. Beachten Sie, dass persönliche Fürsorge und Betreuung nicht Aufgabe des gerichtlich bestellten Betreuers ist.

Nur wer rechtzeitig handelt, kann eine Amtsbetreuung verhindern. Die Errichtung einer Vorsorgevollmacht dürfen Sie nicht „auf die lange Bank schieben". Sie müssen Vorsorge treffen, solange Sie die rechtliche Tragweite Ihrer Vorsorgeregelungen verstehen und beurteilen können. Um eine Vollmacht, Vorsorgevollmacht, Betreuungsverfügung errichten zu können, müssen Sie volljährig und geschäftsfähig sein. Ist Ihre Einsichtsfähigkeit (z. B. wegen altersbedingter Demenz) bereits eingeschränkt, wird möglicherweise vom Betreuungsgericht ein Betreuungsverfahren eingeleitet.

RECHTZEITIG VORSORGEN

Ergibt die amtsärztliche Untersuchung, dass Sie bereits betreuungsbedürftig sind, können Sie häufig keine wirksame Vorsorgevollmacht mehr errichten.

Wollen Sie verhindern, dass vom Gericht ein Betreuer bestellt wird, können Sie dies weitgehend durch die Bestellung eines Bevollmächtigten (siehe S. 10) tun. Nach § 1896 Abs. 2 II BGB (Bürgerliches Gesetzbuch) ist eine Betreuung nämlich nicht erforderlich, wenn durch den zu Betreuenden ein Bevollmächtigter bestellt ist (dies darf aber nicht ein Angestellter eines Pflegeheims oder einer entsprechenden Einrichtung sein).

IN AUSNAHMEFÄLLEN AUCH ABLEHNUNG DES WUNSCHBETREUERS

Eine Ausnahme kann gegeben sein, wenn Anhaltspunkte bestehen, dass der Bevollmächtigte seine Vollmacht nicht bzw. nicht richtig wahrnimmt, sie sogar zum Schaden des Vollmachtgebers missbraucht, aber auch dann, wenn ein Interessenkonflikt gegeben ist.

Wünschen Sie, dass der Bevollmächtigte einer Kontrolle unterliegt, können Sie einen Kontrollbevollmächtigten bzw. einen zweiten Bevollmächtigten bestellen, der nicht zum Kreis der Unterhaltspflichtigen (Kinder, Ehegatten) oder potenziellen Erben gehört. Dies kann jede Person sein, der Sie vertrauen und die sich bereiterklärt, diese Aufgabe zu übernehmen. Sinnvoll kann es sein, einen Rechtsanwalt oder Steuerberater als Ergänzungs- bzw. Kontrollbetreuer zu bestellen. Bei Einsetzung eines zweiten Bevollmächtigten können Sie auch bestimmen, dass nur beide Bevollmächtigte gemeinsam handeln können oder dass jeder Bevollmächtigte für sich allein handeln darf, dem anderen gegenüber dann aber zur Rechenschaft verpflichtet ist. So ist eine gegenseitige Kontrolle gegeben.

Zuschauerfrage an die Redaktion „Escher. Der MDR-Ratgeber"

Herr S. aus Magdeburg:

„Ich bin zu 100 Prozent behindert und pflegebedürftig. Zu meiner einzigen Tochter habe ich schon lange keinen Kontakt mehr, für sie bin ich quasi ‚gestorben'. Was kann ich zu meiner Vorsorge tun? Ich habe hier keinen Menschen, dem ich vertrauen kann."

Sollten Sie keine Vertrauensperson in Ihrem Umfeld haben, können Sie sich mit einem Betreuungsverein in Verbindung setzen und dort Rat und Hilfe suchen.

Es ist zu unterscheiden, ob Sie bereits jetzt oder erst für den Fall, dass Sie gesundheitsbedingt nicht in der Lage sind, für sich zu sorgen, jemanden mit der Wahrnehmung ihrer Interessen beauftragen wollen. Sie können jemanden entweder bereits jetzt eine Vollmacht erteilen, alle oder bestimmte Angelegenheiten für Sie als Vertreter zu erledigen (Vollmacht), oder vorsehen, dass dieser erst in bestimmten gesundheitsbedingten Situationen für Sie handeln soll (Vorsorgevollmacht). Bei einer Vorsorgevollmacht handelt es sich um eine beschränkte Vollmacht (siehe S. 10). Ebenfalls können Sie zusätzlich oder ausschließlich eine Betreuungsverfügung errichten.

Zuschauerfrage an die Redaktion „Escher. Der MDR-Ratgeber"

Herr K. aus Fürstenwalde:

„Seit wann ist denn die Vorsorgevollmacht so notwendig? Als mein Vater schwer krank war, ist nie danach gefragt worden.“

Eine Vorsorgevollmacht ist gesetzlich nicht vorgeschrieben. Hat man jedoch keine (Vorsorge-) Vollmacht errichtet, wird gegebenenfalls vom Betreuungsgericht ein Betreuer bestellt, wenn man nicht mehr in der Lage ist, notwendige Entscheidungen selbst zu treffen, und andere nicht die entsprechenden Vollmachten haben, dies zu tun. Haben Eheleute z. B. ein Konto, über das sie gemeinsam verfügungsberechtigt sind, oder gegenseitige Kontovollmacht, so wird sich die Frage der Betreuung erst bei der Unterbringung im Heim stellen, wenn freiheitsentziehende bzw. -beschränkende Maßnahmen infrage kommen oder der Betroffene gegen seinen Willen in ein Heim kommen soll.

Zuschauerfrage an die Redaktion „Escher. Der MDR-Ratgeber"

Herr A. aus Neubrandenburg:

„Ist eine Betreuungsverfügung nicht sinnvoller und sicherer als eine Vorsorgevollmacht?“

Es handelt sich um zwei Verfügungen, wobei der (Vorsorge-)Vollmacht der Vorrang einzuräumen ist.

- Eine Vorsorgevollmacht hat gegenüber einer Betreuungsverfügung verschiedene Vorteile:
- Zunächst entfällt beim Vorliegen einer (Vorsorge-)Vollmacht das Betreuungsverfahren. Hierdurch werden Kosten für den Sachverständigen, den Verfahrenspfleger und das Betreuungsgericht gespart. Diese summieren sich leicht auf 500 bis 1.000 Euro, teilweise sogar mehr.
- Die (Vorsorge-)Vollmacht ist für Ihre Vertrauensperson leichter zu handhaben und damit flexibler als eine Betreuung.
- Zwar unterliegt ein vom Gericht bestellter Betreuer der Kontrolle des Gerichts, das gerichtliche Betreuungsverfahren wird jedoch teilweise als lästig und bürokratisch empfunden und greift zudem erheblich in die Privatsphäre ein.
- Da Schenkungen einem Betreuer verboten sind, können Maßnahmen im Rahmen einer vorweggenommenen Erbfolge (z. B. die Übertragung eines Grundstücks an Ihre Kinder zum Zweck der Erbschaftsteueroptimierung) nur von einer Vertrauensperson mit entsprechender Vorsorgevollmacht getroffen werden.
- Haben Sie Bedenken bezüglich der Kontrolle des Bevollmächtigten, können Sie einen zweiten bzw. einen Kontrollbevollmächtigten einsetzen.

Haben Sie eine (Vorsorge-)Vollmacht ausgestellt, sollten Sie ergänzend eine Patientenverfügung errichten.

Welchen Umfang hat eine Vorsorgevollmacht?

In einer Vollmacht können Sie grundsätzlich frei bestimmen, was der Bevollmächtigte tun darf und was nicht. Außerdem können Sie vereinbaren, wie der Bevollmächtigte Ihnen gegenüber Rechenschaft ablegen muss etc. Sie bestimmen, was und wie der Bevollmächtige die Vollmacht wahrnehmen darf und können die Vollmacht jederzeit widerrufen. Nur in bestimmten Fällen bedarf sowohl der Bevollmächtige als auch der Betreuer der Genehmigung des Betreuungsgerichts. Dies ist der Fall, wenn medizinische Eingriffe vorgenommen oder unterlassen werden sollen, und somit Gefahr für Leib und Leben des Vollmachtgebers oder Betreuten gegeben ist (§ 1904 BGB), dies gilt jedoch nur, wenn Betreuer oder Bevollmächtigter mit dem behandelnden Arzt nicht einer Meinung sind (§ 1904 Abs. 4 und Abs. 5 BGB).

Im Gegensatz zum Bevollmächtigten ist der gerichtlich bestellte Betreuer in erster Linie dem Gericht zur Rechenschaft verpflichtet. Zwar muss der vom Gericht eingesetzte Betreuer die Wünsche des Betreuten berücksichtigen, in der Praxis gibt es hier aber durchaus Probleme.

Für die von Ihnen erteilte Vollmacht gilt:

- Sie können sie sachlich (z. B. auf den Bereich Gesundheit oder Vermögen) beschränken oder
- auf alle Bereiche Ihres Lebens ausdehnen (so genannte Generalvollmacht).

Sie können dabei dem Bevollmächtigten folgende Angelegenheiten übertragen:

- Fragen der Gesundheitssorge und Pflegebedürftigkeit,
- Regelung des Aufenthalts und der Wohnungsangelegenheiten,
- Vertretung gegenüber Behörden und Versicherungen,
- Fragen der Vermögenssorge, insbesondere Annahme von Zahlungen, Eingehen von Verbindlichkeiten, Geschäfte mit Kreditinstituten,
- Vornahme von Schenkungen,
- Immobiliengeschäfte (Achtung: notarielle Beurkundung notwendig!),
- Fragen betreffend Handelsgewerbe, Handwerksbetrieb usw. (Achtung: unter Umständen notarielle Beurkundung notwendig!),
- Regelung des Post- und Fernmeldeverkehrs,
- Vertretung vor Gericht,
- Erteilung einer Untervollmacht.

Prüfen Sie selbst, welche Aufgaben Sie Ihrer Vertrauensperson übertragen wollen. Davon hängt es ab, welche Art von Vollmacht erforderlich ist.

ACHTUNG **EINE VOLLMACHT GRUNDSÄTZLICH GÜNSTIGER ALS MEHRERE** ACHTUNG

Grundsätzlich ist es besser, in einer einzigen Vollmacht (Generalvollmacht) alle Bereiche zu regeln. Denkbar wären aber z. B. verschiedene Vollmachten, wenn man unterschiedliche Personen für bestimmte Bereiche bevollmächtigen will. Dies kann aber zu Problemen führen.

Zuschauerfrage an die Redaktion „Escher. Der MDR-Ratgeber"

Herr B. aus Berlin:

„Was ist der Unterschied zwischen einer Vorsorgevollmacht und einer Generalvollmacht? Was ist sinnvoller?"

Die Vollmachten unterscheiden sich im Umfang der erteilten Befugnisse und im Zeitpunkt, wann der Bevollmächtigte davon Gebrauch machen darf.

Vorsorgevollmachten werden für den Fall eines zukünftigen Ereignisses errichtet (z. B. Unfall, Erkrankung), ab dem der Bevollmächtigte erst von der Vollmacht Gebrauch machen darf.

Vollmachten gelten in der Regel ab deren Erteilung. Aber auch bei einer „normalen“ Vollmacht können Sie dafür Sorge tragen, dass von ihr erst ab einem bestimmten Ereignis bzw. Zeitpunkt Gebrauch gemacht werden darf. So können Sie z. B. anordnen, dass von der Vollmacht erst Gebrauch gemacht werden darf, wenn Sie – etwa aufgrund von Krankheit oder Behinderung – nicht mehr oder nur noch eingeschränkt handlungsfähig sind (Vorsorgevollmacht).

ACHTUNG **VORSORGEVOLLMACHT ALS GENERALVOLLMACHT** ACHTUNG

In der Regel wird eine Vorsorgevollmacht als Generalvollmacht ausgestaltet, jedoch unter der Bedingung, dass davon erst Gebrauch gemacht werden darf, wenn Sie selbst ganz oder teilweise handlungsunfähig sind.

Eine Vorsorgevollmacht gilt erst, wenn ein bestimmtes Ereignis (z. B. Handlungsunfähigkeit wegen gesundheitlicher Probleme) eingetreten ist. Steht dies in der Vollmacht, muss man demjenigen gegenüber, dem man die Vollmacht präsentiert, erst nachweisen, dass dieses Ereignis eingetreten ist. Eine Generalvollmacht wird ohne Bedingung ausgestellt, das heißt aus der Vollmacht ist nicht ersichtlich, dass diese Vollmacht nur in bestimmten Fällen gilt. Man muss also demjenigen gegenüber, der von der Vollmacht Gebrauch macht, nicht nachweisen, dass die Bedingung (Handlungsunfähigkeit des Vollmachtgebers) eingetreten ist. Um Nachweisschwierigkeiten zu vermeiden, sollte zur Vorsorgevollmacht, die im Innenverhältnis zwischen Vollmachtgeber und Bevollmächtigtem gilt, zusätzlich eine (unbeschränkte) Generalvollmacht ausgestellt werden, wobei zwischen Vollmachtgeber und Bevollmächtigtem vereinbart wird, dass dieser von der Generalvollmacht nur Gebrauch machen darf, wenn Handlungsunfähigkeit des Vollmachtgebers eingetreten ist.

Zuschauerfrage an die Redaktion „Escher. Der MDR-Ratgeber“

Frau L. aus Frankfurt/Oder:

„Kann man in einer Vorsorgevollmacht bestimmen, was z. B. mit minderjährigen Kindern geschehen soll, oder muss man das vorher beim Jugendamt regeln? Bin alleine mit meinem kleinen Sohn, der erst vor einem Jahr seinen Vater verlor, ansonsten haben wir nur noch weitläufige Verwandte.“

Die Frage, wer bei Ihrer Handlungsunfähigkeit das Sorgerecht für Ihren minderjährigen Sohn haben soll, können Sie in einer Vorsorgevollmacht festlegen. Das Betreuungsgericht wird sich in der Regel bei der Bestimmung des Vormunds daran halten.

Im Folgenden soll auf die wichtigsten Bereiche, die Sie mit einer Vorsorgevollmacht regeln können, näher eingegangen werden, nämlich

- Vermögensangelegenheiten,
- Gesundheitsangelegenheiten und
- Aufenthaltsbestimmung.

Wenn Sie eine Vollmacht im Bereich Vermögen erteilen

Am dringendsten zu regeln sind im Verhinderungs-, Krankheits- oder Pflegefall die Vermögensangelegenheiten. Schon einfache Bankgeschäfte können, wenn keine Kontobevollmächtigung für jemand anderen eingeräumt ist, nur durch einen vom Gericht eingesetzten Betreuer durchgeführt werden.

Wenn es sich nur um normale Bankangelegenheiten handelt, reicht in der Regel eine Kontobevollmächtigung, die auch für Wertpapierdepots etc. erteilt werden kann. Wollen Sie jedoch sicherstellen, dass der Bevollmächtigte auch sonstige Verträge abschließen, kündigen oder überhaupt Verhandlungen mit anderen führen kann und darf, so benötigt er dazu eine ausdrückliche Vollmacht, die am besten notariell erteilt wird. Natürlich kann eine solche Vollmacht nicht nur für den Fall der Krankheit oder Pflegebedürftigkeit, sondern für alle Verhinderungsfälle, z. B. einen längeren Auslandsaufenthalt, erteilt werden oder auch schlichtweg grundsätzlich, damit man nicht alles selbst regeln muss (s. o).

ACHTUNG **GÜLTIGKEIT ÜBER DEN TOD HINAUS** ACHTUNG

Zwar gilt eine Vollmacht grundsätzlich über den Tod hinaus, trotzdem empfiehlt es sich, insbesondere im Bereich der Vermögensangelegenheiten, ausdrücklich anzuordnen, dass die Vollmacht auch über den Tod hinaus Gültigkeit haben soll. Die Feststellung der Erben und Ausstellung eines Erbscheins dauert in der Regel längere Zeit, sodass ohne eine entsprechende Vollmacht notwendige Angelegenheiten nach dem Tod nicht geregelt werden können.

Der Bevollmächtigte ist gegenüber den Erben auskunfts- und rechenschaftspflichtig. Die Erben können die Vollmacht widerrufen. In diesem Zusammenhang sei auch die Möglichkeit der Einsetzung eines Testamentsvollstreckers gegebenenfalls in Person des Bevollmächtigten erwähnt (s. S. 56). Die Vollmachtserteilung über den Tod hinaus berechtigt den Bevollmächtigten nicht, beliebige Verfügungen zu machen. Gegebenenfalls ist er den Erben gegenüber schadenersatzpflichtig, soweit nicht nachweisbar ist, dass die von ihm getroffenen Verfügungen dem Willen des Verstorbenen entsprechen.

In solch einer Vollmacht kann man auch Wünsche hinsichtlich der Bestattung etc. regeln. Der Bevollmächtigte ist dann befugt, die entsprechenden Anordnungen zu treffen. Gerade solche Wünsche sollen in einer (Vorsorge-)Vollmacht geregelt werden, nicht nur in einem Testament. Ein Testament wird erst längere Zeit nach dem Tod eröffnet, dann können entsprechende Wünsche für die Bestattung etc. nicht mehr berücksichtigt werden.

Es empfiehlt sich auch, nicht nur allgemeine Bestimmungen aufzunehmen, z. B. dass „für eine würdige Bestattung gesorgt werden soll", sondern beispielsweise auch Bestimmungen darüber, ob eine Feuer- oder Erdbestattung erfolgen soll, ob ein Grabstein gesetzt werden und ob und in welchem Umfang eine Trauerfeier stattfinden soll. Leider kommt es immer wieder vor, dass unter den Erben hierüber und über die Kostenübernahme Streit entsteht. Haben Sie dies aber möglichst genau in einer (Vorsorge-)Vollmacht geregelt, so kann der Bevollmächtigte Ihre Wünsche durchsetzen.

ACHTUNG **RECHENSCHAFTSLEGUNG** ACHTUNG

Darf und kann der Bevollmächtigte Vermögensangelegenheiten regeln, sollten Sie darauf bestehen, dass er regelmäßig Rechenschaft ablegt. Dies sollte am besten in Form eines schriftlichen Berichts, etwa eines Kassenbuchs, und durch Vorlage entsprechender Unterlagen geschehen.

Zuschauerfrage an die Redaktion „Escher. Der MDR-Ratgeber"

Frau L. aus Bad Hersfeld:

„Ich bin selbstständig und viel unterwegs. Wäre es angebracht, wenn mein Mann auch Kontoinhaber meines Geschäftskontos wäre? Oder reicht es aus, ihn testamentarisch als Erben einzusetzen?"

Es ist zu unterscheiden zwischen Kontoinhaber und Kontovollmacht. Ein Kontoinhaber ist (Mit-)Eigentümer des Guthabens, haftet aber auch für eventuelle Schulden. Aus diesem Grund sollte der Ehegatte niemals auch Kontoinhaber des Geschäftskontos des anderen Ehegatten sein, sondern nur Kontovollmacht haben. Außerdem können auch steuer- und sozialrechtliche Probleme entstehen, wenn der Ehepartner, der nicht (Mit-)Inhaber des Geschäftes ist, (Mit-)Kontoinhaber ist. Die Kontovollmacht zugunsten des Ehepartners ist jedoch immer sinnvoll, da dieser im Verhinderungsfall auch zu Lebzeiten in Ihrem Sinne verfügen kann. Das Testament dagegen greift erst im Erbfall, also nach Ihrem Tod. Sie sollten aber natürlich sowohl in einer Vorsorgevollmacht als auch in einem Testament entsprechende Regelungen treffen, die es ermöglichen, dass sich jemand im Verhinderungs- oder Todesfall ausreichend in Ihrem Sinne um Ihr Geschäft kümmern kann.

Wenn Sie eine Vollmacht im Bereich Gesundheit erteilen

Bevollmächtigen Sie jemanden, im Rahmen der Gesundheitsangelegenheiten für Sie tätig zu sein, kann diese Person bei der ärztlichen Behandlung dem Pflegepersonal und den Ärzten Anweisungen über die Art der ärztlichen Behandlung, Therapien, Arzneimittelabgabe, Pflege und Operationen geben. Dies gilt natürlich auch gegenüber dem Personal im Fall einer Unterbringung in einem Heim bzw. einer Pflegeeinrichtung. Gesetzlich ist nunmehr geregelt, dass schriftliche Anweisungen hinsichtlich der Durchführung oder Nichtdurchführung medizinischer bzw. ärztlicher Behandlungen (Patientenverfügung) vom medizinischen Personal zwingend zu beachten sind. Der Bevollmächtigte oder Betreuer muss sich aber unter Beachtung des mutmaßlichen Willens des Vollmachtgebers oder Betreuten davon überzeugen, dass der schriftlich geäußerte Wille noch gilt (§ 1901 a BGB).

ACHTUNG **ZUSÄTZLICHE PATIENTENVERFÜGUNG** ACHTUNG

Wollen Sie die Bevollmächtigung auch in Gesundheitsangelegenheiten erteilen, sollten Sie in einer zusätzlichen Patientenverfügung (s. u.) erläuternde bzw. ergänzende Regelungen treffen.

Damit der Bevollmächtigte entsprechend handeln kann, sollte neben der Bevollmächtigung eine (schriftliche) Patientenverfügung (S. 26) errichtet werden.

In Eilfällen, z. B. bei einer Notoperation, darf der Bevollmächtigte zunächst ohne diese Genehmigung entscheiden. Allerdings muss er dann die Maßnahme nachträglich vom Betreuungsgericht genehmigen lassen.

Zuschauerfrage an die Redaktion „Escher. Der MDR-Ratgeber"

Frau A. aus Potsdam:

„Mein Vater, 69 Jahre alt, ist vor einem Jahr an Lungenkrebs erkrankt. Ihm musste der linke Lungenflügel entfernt werden. Er konnte kaum noch gehen. Jetzt wurde er komatös ins Krankenhaus eingeliefert. Nach einem Tag Infusionstherapie hat sich sein Zustand erkennbar gebessert. Aufgrund des durch den Tumor verminderten Appetits empfiehlt der Stationsarzt die An-

lage einer PEG-Ernährungssonde. Ich habe die Vorsorgevollmacht, weiß aber nicht, ob der Einsatz der Sonde sinnvoll und richtig ist. Was soll ich tun?"

Wenn die Vorsorgevollmacht auch gesundheitliche Entscheidungen für Ihren Vater umfasst, sind Sie zwar grundsätzlich bevollmächtigt, in diesem Bereich Entscheidungen zu treffen. Hat Ihr Vater jedoch für diesen Fall keine Regelungen getroffen, z. B. in einer Patientenverfügung, muss der mutmaßliche Wille Ihres Vaters erforscht werden. Das Nichtanlegen einer Ernährungssonde kann den Tod durch ungenügende Nahrungszufuhr bedeuten. Besprechen Sie das Problem mit dem Arzt. Wenn unterschiedliche Auffassungen zwischen Arzt und Ihnen als Bevollmächtigtem bestehen, ist die Einschaltung des Betreuungsgerichts erforderlich (§ 1904 Abs. 4 BGB).

Zuschauerfrage an die Redaktion „Escher. Der MDR-Ratgeber"

Herr F. aus Chemnitz:

„Nützt eine Vorsorgevollmacht überhaupt etwas? Halten sich die Ärzte an das, was in der Vorsorgevollmacht steht? Und was macht man, wenn sie die Apparate nicht abschalten, obwohl man dies ausdrücklich schriftlich festgelegt hat?"

Die Frage, ob bzw. wann lebenserhaltende Maßnahmen unterbleiben bzw. Apparate abgeschaltet werden sollen, ist eine Frage der Patientenverfügung, nicht primär der Vorsorgevollmacht. Ist jedoch eine entsprechende Handlungsanweisung in der Patientenverfügung enthalten und wurde gleichzeitig für die Gesundheitsfürsorge eine Vorsorgevollmacht erteilt, hat sich der Arzt an die entsprechende Anweisung des Bevollmächtigten zu halten. Ein Arzt, der den erklärten Patientenwillen missachtet, kann sich wegen Körperverletzung strafbar machen. Sie sollten deshalb Ihre Patientenverfügung immer mit einer Vorsorgevollmacht absichern. Nur so ist sichergestellt, dass der in Ihrer Patientenverfügung zum Ausdruck gekommene Wille von Ihrer Vertrauensperson gegenüber den behandelnden Ärzten und der Familie durchgesetzt werden kann. Bestehen in diesem Fall unterschiedliche Auffassungen zwischen Arzt und dem Betreuer oder Bevollmächtigten, ist die Einschaltung des Betreuungsgerichts erforderlich (§ 1904 Abs. 4 BGB).

Wenn Sie eine Vollmacht im Bereich Aufenthaltsbestimmung erteilen

In einer Vorsorgevollmacht sollten auch für den Fall der Notwendigkeit eines Umzugs insbesondere in ein Alters- oder Pflegeheim Regelungen getroffen werden. Legen Sie dabei genau fest, von wem Sie im Fall der Pflegebedürftigkeit versorgt werden wollen und ob bzw. wann ein Umzug in ein Alters- oder Pflegeheim erfolgen soll oder darf oder wann nicht (z. B. ob Sie bei schwerer, tödlich verlaufender Erkrankung zu Hause oder im Hospiz sterben möchten). Selbstverständlich können Sie Wünsche äußern, in welcher Einrichtung Sie versorgt werden möchten oder wo Sie überhaupt nicht untergebracht werden wollen. Sie sollten Ihrem Bevollmächtigten auch Vollmacht erteilen, gegenüber dem Pflegepersonal Anweisungen zu geben.

Auch im Bereich der Aufenthaltsbestimmung kann der Bevollmächtigte selbst dann, wenn eine umfassende Bevollmächtigung für den Fall der Unterbringung erteilt ist, nicht uneingeschränkt tätig sein. Hierfür benötigt er die Genehmigung des Betreuungsgerichts, die in Eilfällen nachträglich erteilt werden kann.

Was ist bei der Erstellung einer Vollmacht zu beachten?

Eine Grundvoraussetzung für die Erstellung einer Vollmacht bzw. Vorsorgevollmacht ist die Volljährigkeit. Wer noch nicht volljährig ist, benötigt dafür auf jeden Fall die Genehmigung des Betreuungsgerichts.

Welche Form muss die Vollmacht haben?

Theoretisch kann eine Vollmacht mündlich erteilt werden. Zum Nachweis der Bevollmächtigung ist aber eine schriftliche, am besten notarielle Vollmacht sinnvoller.

Speziell bei einer Vorsorgevollmacht ist die Schriftform auf jeden Fall erforderlich. Im Gegensatz zur Errichtung eines eigenhändigen Testaments muss sie nicht komplett handschriftlich abgefasst werden. Es genügt die Verwendung eines Musters (siehe auch Teil II dieses Ratgebers). Dabei sind natürlich die eigenhändige Unterschrift und die Datumsangabe ganz wichtig.

Wird die Vollmacht nicht notariell beglaubigt, ist die Hinzuziehung von Zeugen, die die Vollmachterteilung bestätigen können, sinnvoll. Dies empfiehlt sich gerade, wenn eine solche Vollmacht während einer schweren Krankheit oder im Krankenhaus erstellt wird, da es in diesen Fällen nachträglich zum Streit über deren Wirksamkeit kommen kann.

Einen generellen Zwang zur notariellen Erstellung oder Beglaubigung einer Vollmacht gibt es außer in bestimmten Fällen nicht. Eine notarielle Vollmacht genießt jedoch gegenüber Behörden etc. eine andere Bedeutung als nur eine privatschriftlich verfasste Vollmacht. Sie empfiehlt sich außerdem, um ggf. die Geschäftsfähigkeit (des Vollmachtgebers) zum Zeitpunkt der Vollmachtserteilung nachzuweisen. Grundsätzlich sollte eine Vorsorgevollmacht und Patientenverfügung, auch wenn dies nicht zwingend vorgeschrieben ist, notariell beglaubigt werden. Gesetzlich vorgeschrieben ist eine Beurkundung von Vollmachten nur im Bereich der Grundstücksgeschäfte und im Handelsrecht. Im Handelsrecht ist teilweise auch eine Eintragung im Handelsregister notwendig (z. B. Geschäftsführer einer GmbH).

ACHTUNG **VERFÜGUNGSVOLLMACHT ÜBER GRUNDSTÜCKE, SCHIFFE ETC.** ACHTUNG

Soll der Bevollmächtigte über Grundstücke, Schiffe etc. verfügen, deren Übertragung notarielle Beurkundung voraussetzt, muss auch die Vollmacht notariell beurkundet werden. Bei der Beurkundung muss der Notar zudem die Geschäftsfähigkeit des Vollmachtgebers feststellen (§ 11 BeurkG).

Wird eine Vollmacht oder auch Patientenverfügung während einer ernsthaften Erkrankung (z. B. Krebserkrankung im Krankenhaus) oder im Vorfeld einer Demenzerkrankung errichtet, sollte auf jeden Fall ein Arzt hinzugezogen werden, der Ihre Geschäftsfähigkeit bei Errichtung der Vollmacht durch ein Attest schriftlich bestätigt.

ACHTUNG **MUSTER INHALTLICH PRÜFEN** ACHTUNG

Unerlässlich ist – gerade bei Verwendung eines Musters – die inhaltliche Prüfung, ob tatsächlich alle Ermächtigungen so erteilt werden sollen wie im Muster vorgesehen oder ob Hinzufügungen, besondere Wünsche, Vorgaben oder Verhaltensanweisungen ergänzt werden müssen.

Zuschauerfrage an die Redaktion „Escher. Der MDR-Ratgeber"

Herr P. aus Plauen:

„Wird das vom Bundesministerium der Justiz herausgegebene Muster der Vorsorgevollmacht von der Bank anerkannt? Sind die Muster aus dem Internet zu gebrauchen oder muss man andere Formulare anfordern? Wenn ja, wo?"

Sparkassen, Banken und auch behandelnde Ärzte haben zum Teil Probleme, solche Vollmachten anzuerkennen. So verwenden Geldinstitute meist eigene Formblätter. Die Muster sollten Sie als Orientierungshilfen für eigene Entwürfe nutzen oder, soweit Sie diese unbedingt nutzen möchten, Ihre Unterschrift beglaubigen lassen oder eine beurkundete Vollmacht z. B. über einen Notar erstellen lassen.

Bestimmte persönliche Weisungen sollten im Innenverhältnis in einem separaten Schriftstück bzw. Vertrag ergänzt werden, z. B. Hinweise, dass bestimmte Personen, Institutionen oder auch Geschäftspartner und Banken aus bestimmten Gründen nicht eingeschaltet werden sollen.

Ob und in welchem Umfang eine privatschriftliche Vollmacht anerkannt wird, kann im Einzelfall nicht gesagt werden. Banken erkennen solche Vollmachten in der Regel nicht an, wenn sie nicht ausdrücklich durch die betreffende Bank selbst noch einmal bestätigt wird. Dagegen muss jedermann die notarielle Vollmacht gegen sich gelten lassen.

Zuschauerfrage an die Redaktion „Escher. Der MDR-Ratgeber"

Herr Z. aus Hof:

„Wird eine Vorsorgevollmacht auch ohne notarielle Beglaubigung von Ärzten akzeptiert?"

Ob die Vorsorgevollmacht notariell beglaubigt ist oder nicht, spielt theoretisch keine Rolle. Die notarielle Vollmacht ist aber auf jeden Fall immer zu beachten, während die Gültigkeit einer „normalen" Vollmacht angezweifelt werden kann und somit zunächst von den Ärzten nicht anerkannt werden muss, wenn diese Zweifel an der Gültigkeit der Vollmacht haben. Wollen Sie sicherstellen, dass Ihre Vorsorgevollmacht auf jeden Fall beachtet wird, empfiehlt sich daher die notarielle Vorsorgevollmacht bzw. die notarielle Beglaubigung einer solchen.

Bei Entscheidungen des Bevollmächtigten über

- Untersuchungen des Gesundheitszustands,
- Heilbehandlungen,
- einen ärztlichen Eingriff mit der begründeten Gefahr, dass der Vollmachtgeber aufgrund der Maßnahme stirbt oder einen schweren, länger dauernden gesundheitlichen Schaden erleidet, oder
- eine mit Freiheitsentziehung verbundene Unterbringung

bedarf die Bevollmächtigung der Schriftform und der ausdrücklichen Benennung dieser Maßnahmen (§ 1906 Abs. 5 BGB).

Zuschauerfrage an die Redaktion „Escher. Der MDR-Ratgeber"

Frau M. aus Dresden:

„Kann sich in einer Vorsorgevollmacht das Ehepaar gegenseitig einsetzen?"

Da die Vollmacht formfrei ist, ist dies theoretisch in einer einzigen Vollmacht möglich, wenn die Unterschrift von beiden vorhanden ist. Es empfiehlt sich jedoch nicht, eine solche Vollmacht zu erteilen, da es dann Auslegungsschwierigkeiten geben könnte, insbesondere beim Widerruf. Grundsätzlich sollte jeder Partner für sich allein eine Vorsorgevollmacht erstellen.

Zuschauerfrage an die Redaktion „Escher. Der MDR-Ratgeber"

Frau T. aus Görlitz:

„Wenn mein Mann und ich ein Berliner Testament unterschrieben haben, ist dann trotzdem eine gegenseitige Vorsorgevollmacht nötig?"

Testament und Vorsorgevollmacht sind zwei vollkommen verschiedene Willenserklärungen. Das Testament wird für die Zeit nach dem Tod, die Vollmacht für die Zeit davor errichtet. Ein Testament muss handschriftlich oder notariell errichtet werden und eigenhändig unterschrieben sein, eine Vollmacht kann auch maschinenschriftlich errichtet werden und muss nur unterschrieben sein.

Zuschauerfrage an die Redaktion „Escher. Der MDR-Ratgeber"

Herr K. aus Osterode:

„Wir haben im Jahr 2001 eine Vorsorgevollmacht erstellt. Muss diese jetzt erneuert werden?"

Wenn es nur eine Vollmacht ist, muss sie nicht erneuert werden. Eine Vollmacht können Sie ja jederzeit widerrufen und sich die Vollmachtsurkunde zurückgeben lassen.

Bedingte oder unbedingte Vollmacht?

Im Wesentlichen zu unterscheiden sind die unbedingte und die bedingte Vollmacht. Vorsorgevollmachten sind dem Grunde nach bedingte Vollmachten, da sie in der Regel nur für bestimmte Fälle gelten sollen. Hieraus können sich praktische Schwierigkeiten ergeben.

- Die unbedingte Vollmacht gilt gegenüber anderen ab dem Zeitpunkt der Ausstellung.
- Die bedingte Vollmacht gilt nur in bestimmten Fällen.

Die bedingte Vollmacht hat sich in der Praxis jedoch als ungeeignet erwiesen, da sie nur in bestimmten Fällen gilt, die genau beschrieben sind, etwa bei einer schweren Gesundheitsstörung. In diesen Fällen muss der Bevollmächtigte Dritten gegenüber zunächst nachweisen, dass die Bedingung der Vollmacht (Handlungsunfähigkeit des Vollmachtgebers) tatsächlich eingetreten ist. Dies ist unpraktikabel.

Die Vorsorgevollmacht sollte deshalb nach außen in der Regel als unbeschränkte Vollmacht erteilt werden. Lediglich zwischen Vollmachtgeber und Bevollmächtigtem – also im Innenverhältnis – wird vereinbart, dass der Bevollmächtigte nur in bestimmten Fällen von der Vollmacht Gebrauch machen darf.

Vergütung des Bevollmächtigten

Dem Bevollmächtigten können durch die Wahrnehmung der Vollmacht Kosten entstehen. Damit es keinen Streit darüber gibt, ob und in welchem Umfang der Bevollmächtigte Ersatz für seine Aufwendungen erhält, sollten Sie Folgendes festlegen:

- Welche Auslagen werden in welchem Umfang ersetzt?
- Erhält der Bevollmächtigte zusätzlich zu seinen Auslagen eine besondere Vergütung?

Welche Sicherungen sollte ich in eine Vorsorgevollmacht aufnehmen?

Vollmachten bedeuten – wie schon der Name sagt – volle Macht dessen, der sie innehat. Eine Vollmacht räumt dem Bevollmächtigten eine weit reichende Befugnis ein. Er kann im Namen des Vollmachtgebers Verträge abschließen. Bei Ausübung der Vollmacht ist zwischen dem Außen- und dem Innenverhältnis zwischen Bevollmächtigtem und Vollmachtgeber zu unterscheiden. Der Bevollmächtigte kann im Außenverhältnis, also im Verhältnis zu Dritten, alle Tätigkeiten ausführen, zu denen ihn die Vollmacht berechtigt. Etwaige Beschränkungen, die der Vollmachtgeber dem Bevollmächtigten im Innenverhältnis auferlegt hat, sind für die Gültigkeit von Geschäften bzw. Verträgen für Dritte dabei ohne Belang. Dies gilt auch dann, wenn der Bevollmächtigte seine Befugnisse überschritten hat, es sei denn, dies war dem anderen Geschäftspartner bekannt.

Um einem Missbrauch vorzubeugen, empfiehlt es sich, zusätzlich zur Vollmachtsurkunde in einer separaten schriftlichen Vereinbarung mit dem Bevollmächtigten festzulegen, was er ohne Ihre Zustimmung bzw. die Zustimmung eines zweiten Bevollmächtigten bzw. Kontrollbevollmächtigten tun darf und was nicht.

Zur Absicherung empfiehlt sich weiterhin Folgendes:

- Setzen Sie in der Vollmacht einen Kontrollbevollmächtigten ein, der die Tätigkeiten des Bevollmächtigten überprüft, oder
- setzen Sie zwei Bevollmächtigte ein, die grundsätzlich oder in bestimmten Fällen nur gemeinsam handeln dürfen oder zustimmen müssen.
- Machen Sie dem Bevollmächtigten konkrete schriftliche Vorgaben. Diese Vorgaben können Sie auch außerhalb der eigentlichen Vorsorgevollmacht festhalten. Je genauer die Vorgaben sind, desto besser kann ein Kontrollbevollmächtigter deren Umsetzung überprüfen. So können Sie wichtige Entscheidungen – z. B. die Einweisung in ein Altersheim oder den Verkauf des Wohnhauses – von der Zustimmung des Kontrollbevollmächtigten abhängig machen. In der Regel ist es empfehlenswert, die Vollmacht so knapp wie möglich zu halten und die Beschränkungen in einer gesonderten Vereinbarung festzuhalten, um Dritte, denen man die Vollmacht vorlegt, nicht zu verunsichern.

Mehrere Bevollmächtigte

Wollen Sie verhindern, dass der Bevollmächtigte seine Befugnisse überschreitet und Sie nicht für Geschäfte verpflichtet, zu denen er keine Zustimmung hat, können Sie zwei Bevollmächtigte bestimmen, die nur gemeinsam handeln können. Verträge, die in Ihrem Namen abgeschlossen werden, sind nur dann wirksam, wenn beide Bevollmächtigte unterschreiben.

Dies kann jedoch bei bestimmten Handlungen, die schnell erfolgen müssen, oder wenn der andere Bevollmächtigte nicht greifbar ist, zu Problemen führen. Sie können dieses Problem eventuell so lösen, dass die Bevollmächtigten bis zu einem gewissen Betrag bzw. bei bestimmten Geschäften befugt sind, jeweils einzeln zu handeln, und erst bei darüber hinausgehenden Geschäften gemeinsam handeln müssen.

Zuschauerfrage an die Redaktion „Escher. Der MDR-Ratgeber"

Frau R. aus Halle:

„Was passiert, wenn zwei Bevollmächtigte benannt sind und diese sich nicht einig sind, z. B. in der Gesundheitsvorsorge?“

Wenn es keine Einigung gibt, kann das Anlass sein, durch das Betreuungsgericht einen Betreuer bestellen zu lassen.

Kontrollbevollmächtigter

Sie können neben dem Hauptbevollmächtigten auch einen Kontrollbevollmächtigten einsetzen. Aufgabe des Kontrollbevollmächtigten ist es, darüber zu wachen, dass der Hauptbevollmächtigte im Rahmen seiner Vollmacht ordnungsgemäß und nicht zum Schaden des Vollmachtgebers handelt. Der Kontrollbevollmächtigte kann vom Hauptbevollmächtigten entsprechende Auskunft und Rechenschaft verlangen. Er kann die Vollmacht widerrufen, falls Anhaltspunkte für einen Missbrauch der Vollmacht bestehen. Außerdem können Sie festlegen, dass der Bevollmächtigte für bestimmte, näher geregelte Fälle die Zustimmung des Kontrollbevollmächtigten einholen muss.

ACHTUNG **RECHTSANWALT GUT ALS KONTROLLBEVOLLMÄCHTIGTER GEEIGNET** ACHTUNG

Als Kontrollbevollmächtigter eignet sich meistens ein versierter Anwalt. Fällt der Anwalt aus, können Sie z. B. den Vorstand der örtlichen Rechtsanwaltskammer oder der Deutschen Vereinigung für Vorsorge- und Betreuungsrecht e. V. (www.dvvb-ev.de) bevollmächtigen, einen Ersatzanwalt zu benennen. Hier können Sie sich auch erkundigen, welche Rechtsanwälte auf dem Gebiet des Betreuungsrechts, der Patientenverfügung und der Vorsorgevollmacht tätig sind.

Eine Überwachung Ihres Bevollmächtigten durch das Betreuungsgericht findet normalerweise nicht statt. Erst wenn konkrete Verdachtsmomente bekannt werden, dass der Bevollmächtigte seine Vollmacht nicht ordnungsgemäß gebraucht oder die Vollmacht nicht ausreichend ist, um bestimmte Handlungen durchzuführen, kann das Betreuungsgericht einen Kontrollbevollmächtigten bzw. Betreuer/Ergänzungsbetreuer bestellen.

Untervollmachten – ja oder nein?

Sie sollten auch regeln, ob die Bevollmächtigten oder der Bevollmächtigte berechtigt sind/ist, Aufgaben auf Dritte zu übertragen, also so genannte Untervollmachten zu erteilen. Dies kann z. B. im Fall der Vermögenssorge und Behördenangelegenheiten, insbesondere bei der Vertretung gegenüber Gerichten, Behörden etc. sinnvoll sein (etwa Beauftragung von Rechtsanwälten oder Steuerberatern).

ACHTUNG **WENN DER BEVOLLMÄCHTIGTE RECHTSANWALT IST** ACHTUNG

Ist der Bevollmächtigte selbst Rechtsanwalt, so ist es sinnvoll, ihm zu gestatten, auch für Sie als Anwalt tätig zu sein. Hierzu muss er berechtigt sein, mit sich selbst im Rahmen der Vollmacht Geschäfte zu tätigen. So etwas nennt man ein Insichgeschäft. Gemäß § 181 BGB darf ein Bevollmächtigter mit sich keine Geschäfte in Ihrem Namen (des Vollmachtgebers) abschließen, außer er wird ausdrücklich von dem Verbot des Insichgeschäfts befreit.

Haben Sie Ihren Bevollmächtigten vom Verbot des Insichgeschäfts befreit, darf er jedoch in Ihrem Namen mit sich selbst Verträge schließen, etwa über die Vergütung seiner Tätigkeit. Aber Achtung: Es gibt immer wieder Fälle, in denen Bevollmächtigte die Vollmachtgeber „ausgenommen" und in den Ruin getrieben haben. Deshalb empfiehlt es sich, einen zweiten Bevollmächtigten bzw. einen Kontrollbevollmächtigten einzusetzen.

Vertrag mit dem Bevollmächtigten abschließen

Sie sollten zusätzlich zur Vollmacht mit dem Bevollmächtigten in einem separaten Vertrag zwischen Ihnen und dem Bevollmächtigten (s. o.) regeln, was genau er tun darf und was nicht und wie er Rechenschaft ablegen soll.

Z. B. können Sie im Innenverhältnis, also im Verhältnis zwischen Ihnen und dem Bevollmächtigten, regeln, dass der Bevollmächtigte ohne Ihre Zustimmung oder Genehmigung keine Verträge abschließen darf, die über einen bestimmten Betrag hinausgehen. Sie können auch regeln, welche Geschäfte er nicht oder nur mit Ihrer Genehmigung abschließen darf.

Diese Beschränkung im Innenverhältnis (also zwischen Ihnen und dem Bevollmächtigten) gilt jedoch nicht im Außenverhältnis (zwischen dem Bevollmächtigten und anderen Personen/Vertragspartnern). Der Bevollmächtigte kann also z. B., obwohl vertraglich zwischen Ihnen festgelegt ist, dass er keine Verträge über eine bestimmte Summe hinaus (z. B. 500 Euro) abschließen darf, trotzdem einen Vertrag über 1.000 Euro abschließen. Dieser Vertag ist gültig. Sie müssen also, auch wenn der Bevollmächtigte seine Kompetenzen überschritten hat, für diesen Vertrag geradestehen. Sie können sich nur an den Bevollmächtigten wenden und von diesem „Freistellung" bzw. Schadensersatz fordern. Eine Ausnahme gilt, wenn dem Dritten diese Beschränkung bekannt war. So können Sie z. B. gegenüber der Bank die Anweisung erteilen, dass der Bevollmächtigte nur über einen maximalen Betrag verfügen darf.

Wo bewahre ich die Vorsorgevollmacht auf?

Hier ist auf die Problematik der bedingten oder unbedingten Vollmacht hinzuweisen. Da eine unbedingte Vollmacht empfehlenswert ist, sollten Sie sicherstellen, dass der Bevollmächtigte die Vollmacht erst erhält, wenn Sie wollen, dass er von ihr Gebrauch macht. Natürlich können Sie dem Bevollmächtigten die Vollmacht sofort übergeben (mit der Gefahr, dass er davon zu einem Zeitpunkt Gebrauch macht, zu dem Sie es noch nicht wünschen) oder Sie sagen ihm, wo er im Bedarfsfall die Vollmacht findet. Achten Sie darauf, dass die Vollmacht entsprechend leicht zugänglich ist. Haben Sie die Vollmacht in einem Banktresor hinterlegt, müssen Sie dem Bevollmächtigten eine entsprechende Bankvollmacht erteilen, damit er Zugang zum Tresor hat.

Haben Sie eine notarielle Vollmacht erstellt, kann der Bevollmächtigte vom Notar eine Ausfertigung erhalten. In Bayern kann die Vorsorgevollmacht auch bei Gericht hinterlegt werden.

Darüber hinaus besteht die Möglichkeit, die Vollmacht bei der Bundesnotarkammer unter www.vorsorgeregister.de registrieren zu lassen. Die Kosten dafür belaufen sich auf etwa 20 Euro.

INFORMATIONSKARTE

Denken Sie daran, dass Dritte Kenntnis davon erlangen sollen, dass Sie jemanden bevollmächtigt haben. Sie sollten deshalb eine kleine Karte im Geldbeutel aufbewahren, auf der auf die Bevollmächtigung ebenso wie auf eine eventuelle Patienten- und Betreuungsverfügung hingewiesen wird.

Zuschauerfrage an die Redaktion „Escher. Der MDR-Ratgeber"

Herr R. aus Strelitz:

„Ich habe gehört, dass eine Vorsorgevollmacht neuerdings bei Gericht hinterlegt werden muss. Stimmt das?"

Eine Verpflichtung zur Hinterlegung Ihrer Vorsorgevollmacht gibt es nicht. Bei einigen Gerichten können Sie die Vorsorgevollmacht jedoch hinterlegen, erkundigen Sie sich bei dem für Sie zuständigen Amtsgericht. Sie können aber Ihre Vorsorgevollmacht im Vorsorgeregister registrieren lassen. Das Vorsorgeregister ist eine Einrichtung der Bundesnotarkammer. In ihm werden auf gesonderten schriftlichen Antrag des Vollmachtgebers die wesentlichen Angaben zur Vorsorgevollmacht wie Name, Geburtsdatum, Anschrift eingetragen. Dabei wird kein Unterschied zwischen notariellen oder privatschriftlichen Vorsorgevollmachten gemacht. Sie können auch weitere Daten, etwa Angaben zum Bevollmächtigten, zum Ort der Verwahrung der Vollmacht und zu einigen wesentlichen Punkten der Vollmacht eintragen lassen.

Die Registrierung ist gebührenpflichtig. Nähere Informationen erhalten Sie im Internet unter www.vorsorgeregister.de oder bei der Bundesnotarkammer - Zentrales Vorsorgeregister, Kronenstraße 42, 10117 Berlin.

Wichtig: Es ist nur die Registrierung, nicht aber die Hinterlegung Ihrer Patientenverfügung oder Vorsorgevollmacht beim Register der Bundesnotarkammer möglich. Vorteil der Registrierung ist aber, dass die Betreuungsgerichte im Rahmen eines Betreuungsverfahrens beim Vorsorgeregister nachfragen, ob dort eine Vorsorgevollmacht oder Betreuungsverfügung registriert ist. Andere Stellen als die Betreuungsgerichte erhalten keine Auskunft. Daher ist es sinnvoll, bei Ihren persönlichen Papieren oder in der Geldbörse einen schriftlichen Hinweis auf die Existenz der Vorsorgevollmacht und den Hinterlegungsort zu verwahren. So ist gewährleistet, dass die Vollmacht im Ernstfall schnell gefunden wird.

Wie kann ich eine Vollmacht widerrufen?

Eine Vollmacht können Sie jederzeit widerrufen. Widerruf bedeutet, dass Sie gegenüber dem Bevollmächtigten erklären, dass diese Vollmacht nicht mehr gilt. Voraussetzung ist jedoch - wie bei der Erteilung der Vollmacht -, dass Sie beim Widerruf geschäftsfähig sind.

Widerrufen Sie eine schriftliche Vollmacht, sollten Sie die Vollmachtsurkunde zurückfordern. Das gilt auch für eine notarielle Vollmacht. Teilen Sie den Widerruf auch explizit allen mit, die Kenntnis von der Vollmacht haben.

Welche Besonderheiten muss ich als Selbstständiger beachten?

Sie sollten die Vollmacht unbedingt notariell beglaubigen lassen, da ansonsten keine ausreichende Handlungsfähigkeit besteht. Keinesfalls sollten Sie irgendein Formular verwenden, sondern unbedingt eine individuelle Beratung und Gestaltung beim hierfür kundigen Notar bzw. Rechtsanwalt durchführen lassen.

Bedenken Sie, dass je nach Art Ihres Geschäfts/Unternehmens verschiedene rechtliche Vorschriften sowohl bei Erteilung einer Vollmacht – in der Regel als Prokura – als auch bei der Verfügung von Geschäftsanteilen und Ausübung des Stimmrechts, z. B. bei einer GmbH oder Kommanditgesellschaft, zu beachten sind. Oft muss neben einer entsprechenden von Ihnen erteilten Vollmacht noch die Zustimmung eventueller Mitgesellschafter erfolgen. In vielen Fällen sind auch Eintragungen ins Handelsregister oder Mitteilungen an die zuständigen berufsrechtlichen Einrichtungen (Handwerks-, Architektenkammer etc.) notwendig. Besprechen Sie diese Fragen deshalb mit einem im Handels- und Gesellschaftsrecht tätigen Rechtsanwalt und einem Notar.

In diesem Zusammenhang ist auch darauf hinzuweisen, dass teilweise eine Vererbung von Geschäftsanteilen nicht ausreichend allein in einem Testament geregelt werden kann, sondern auch entsprechende Regelungen im Gesellschaftsvertrag zu beachten sind, z. B. Zustimmung der anderen Gesellschafter. Hier ist also eine Abstimmung zwischen Erb- und Gesellschaftsrecht notwendig.

CHECK

CHECKLISTE: VORSORGEVOLLMACHT

CHECK

Darauf sollten Sie beim Abfassen einer Vorsorgevollmacht achten:		Bemerkungen:
Ich habe die Befugnisse des Bevollmächtigten eindeutig geregelt: Was darf er und was nicht?	Ja ☐ Nein ☐	
Ich habe die Kompetenzen übersichtlich von den Finanzgeschäften bis hin zu den persönlichen Angelegenheiten geregelt, z. B. die Auswahl eines Pflegeheims. (Auch möglich: Verteilung unterschiedlicher Aufgaben auf mehrere Personen)	Ja ☐ Nein ☐	
Ich habe einen Ersatzbevollmächtigten benannt, der den Bevollmächtigten ersetzen kann, falls dieser nicht in der Lage ist, die Vollmacht wahrzunehmen.	Ja ☐ Nein ☐	
Ich habe darauf geachtet, dass meine Vollmacht aktuell ist und meinem Willen entspricht. (Änderungen und Widerruf sind jederzeit möglich.)	Ja ☐ Nein ☐	
Ich habe Bedingungen vermieden und kein Wirksamkeitsdatum angegeben. (Auch möglich: Wirksamkeit davon abhängig machen, dass vorher ein ärztliches Attest über die Entscheidungsunfähigkeit ausgestellt wird. Im Zweifel: Kontrollbevollmächtigten einsetzen.)	Ja ☐ Nein ☐	

Die Patientenverfügung

Aufgrund der Möglichkeiten der „Apparatemedizin“ und der damit verbundenen erweiterten medizinischen Möglichkeiten, jemanden künstlich am Leben zu halten, der sich in einem Zustand befindet, in dem absehbar ist, dass er sterben oder „dahinvegetieren“ wird, ist die Besorgnis gewachsen, dass gegen den Willen des Betroffenen lebenserhaltende oder -verlängernde Maßnahmen durchgeführt werden.

Ziel einer Patientenverfügung ist es, weitgehend zu regeln, unter welchen Umständen Sie Behandlungsmaßnahmen wünschen bzw. welche Sie wünschen oder welche nicht, insbesondere ob und unter welchen Bedingungen Sie lebenserhaltende Maßnahmen wünschen oder nicht. Bis zum 01.09.2009 war die Patientenverfügung gesetzlich nicht geregelt, sodass Rechtsunsicherheit herrschte. Durch die am 01.09.2009 erfolgte Gesetzesänderung und gesetzliche Regelung der Patientenverfügung sind verbindliche Richtlinien geschaffen worden.

Seit 01.09.2009 gelten folgende Gesetzesänderungen:

GESETZE **BGB – PATIENTENVERFÜGUNG** GESETZE

1. In der Inhaltsübersicht wird die Angabe zu § 1901 a durch folgende Angaben ersetzt:

„§ 1901 a Patientenverfügung

§ 1901 b Schriftliche Betreuungswünsche".

2. Nach § 1901 wird folgender § 1901 a eingefügt:

„§ 1901 a

Patientenverfügung

(1) Hat ein einwilligungsfähiger Volljähriger für den Fall seiner Einwilligungsunfähigkeit schriftlich festgelegt, ob er in bestimmte, zum Zeitpunkt der Festlegung noch nicht unmittelbar bevorstehende Untersuchungen seines Gesundheitszustandes, Heilbehandlungen oder ärztliche Eingriffe einwilligt oder sie untersagt (Patientenverfügung), prüft der Betreuer, ob diese Festlegungen auf die aktuelle Lebens- und Behandlungssituation zutreffen. Ist dies der Fall, hat der Betreuer dem Willen des Betreuten Ausdruck und Geltung zu verschaffen. Eine Patientenverfügung kann jederzeit formlos widerrufen werden.

(2) Liegt keine Patientenverfügung vor oder treffen die Festlegungen einer Patientenverfügung nicht auf die aktuelle Lebens- und Behandlungssituation zu, hat der Betreuer unter Beachtung des mutmaßlichen Willens des Betreuten zu entscheiden, ob er in eine ärztliche Maßnahme nach Absatz 1 einwilligt oder sie untersagt. Der mutmaßliche Wille ist aufgrund konkreter Anhaltspunkte zu ermitteln. Zu berücksichtigen sind insbesondere frühere mündliche oder schriftliche Äußerungen, ethische oder religiöse Überzeugungen, sonstige persönliche Wertvorstellungen und das Schmerzempfinden des Betreuten. Um solche Anhaltspunkte zu ermitteln, soll der Betreuer nahen Angehörigen und sonstigen Vertrauenspersonen des Betreuten Gelegenheit zur Äußerung geben, sofern dies ohne erhebliche Verzögerung möglich ist.

(3) Die Absätze 1 und 2 gelten unabhängig von Art und Stadium einer Erkrankung des Betreuten.

(4) Die Absätze 1 bis 3 gelten auch für Bevollmächtigte."

3. Der bisherige § 1901 a wird § 1901 b.

4. § 1904 wird wie folgt gefasst:

„§ 1904 Genehmigung des Vormundschaftsgerichts bei ärztlichen Maßnahmen

(1) Die Einwilligung des Betreuers in eine Untersuchung des Gesundheitszustands, eine Heilbehandlung oder einen ärztlichen Eingriff bedarf der Genehmigung des Vormundschaftsgerichts, wenn die begründete Gefahr besteht, dass der Betreute aufgrund der Maßnahme stirbt oder einen schweren und länger dauernden gesundheitlichen Schaden erleidet. Ohne die Genehmigung darf die Maßnahme nur durchgeführt werden, wenn mit dem Aufschub Gefahr verbunden ist.

(2) Die Nichteinwilligung oder der Widerruf der Einwilligung des Betreuers in eine Untersuchung des Gesundheitszustands, eine Heilbehandlung oder einen ärztlichen Eingriff bedarf der Genehmigung des Vormundschaftsgerichts, wenn die Maßnahme medizinisch angezeigt ist und die begründete Gefahr besteht, dass der Betreute aufgrund des Unterbleibens oder des Abbruchs der Maßnahme stirbt oder einen schweren und länger dauernden gesundheitlichen Schaden erleidet.

(3) Die Genehmigung nach den Absätzen 1 und 2 ist zu erteilen, wenn die Einwilligung, die Nichteinwilligung oder der Widerruf der Einwilligung dem Willen des Betreuten entspricht.

(4) Eine Genehmigung nach den Absätzen 1 und 2 ist nicht erforderlich, wenn zwischen Betreuer und behandelndem Arzt Einvernehmen darüber besteht, dass die Erteilung, die Nichterteilung oder der Widerruf der Einwilligung dem Willen des Betreuten entspricht.

(5) Die Absätze 1 bis 4 gelten auch für einen Bevollmächtigten. Er kann in eine der in Absatz 1 Satz 1 oder Absatz 2 genannten Maßnahmen nur einwilligen, nicht einwilligen oder die Einwilligung widerrufen, wenn die Vollmacht diese Maßnahmen ausdrücklich umfasst und schriftlich erteilt ist."

Wie verbindlich ist eine Patientenverfügung?

Seit 01.09.2009 gelten die neugeschaffenen bzw. geänderten Paragrafen 1901 a und 1904 BGB. Der bisherige Paragraf 1901 a wurde § 1901 b BGB. Der § 1904 BGB wurde geändert.

Danach ist eine Patientenverfügung verbindlich. Dies gilt jedoch nur, wenn diese von einer volljährigen einwilligungsfähigen Person schriftlich errichtet wurde. Da in der aktuellen Situation, in der die Patientenverfügung zu beachten ist, es auf den aktuellen Willen der entsprechenden Person ankommt, ist vom Betreuer oder Bevollmächtigten zu überprüfen, ob die Patientenverfügung noch dem mutmaßlichen Willen des Patienten entspricht. Dieser ist aufgrund konkreter Anhaltspunkte zu ermitteln. Zu berücksichtigen sind insbesondere frühere mündliche oder schriftliche Äußerungen, ethische oder religiöse Überzeugungen, sonstige persönliche Wertvorstellungen und das Schmerzempfinden des Patienten. Um solche Anhaltspunkte zu ermitteln soll der Betreuer (oder Bevollmächtigte) den nahen Angehörigen und sonstigen Vertrauenspersonen des Patienten Gelegenheit zur Äußerung geben, sofern dies ohne erhebliche Verzögerung möglich ist (§ 1901 a Abs. 2 BGB nF).

Bei der Überlegung, ob Sie überhaupt eine Patientenverfügung errichten und was Sie dort regeln wollen, müssen Sie sich darüber im Klaren sein, dass eine Reihe von Annahmen hinsichtlich eines „menschenwürdigen Lebens", Empfindungen eines dementen oder sich im Koma befindenden Menschen reine Spekulation sind und dass Sie sich mit einer Patientenverfügung eventuell auf etwas festlegen, was Sie im konkreten Fall nicht mehr wollen, aber nicht mehr rückgängig machen können. Es liegen kaum bzw. keine verlässlichen Berichte darüber vor, wie Menschen den todesnahen Zeitpunkt oder den Zustand empfinden, in dem Sie sich mit der Umwelt nicht mehr verständigen können. Besprechen Sie sich deshalb, bevor Sie eine Patientenverfügung errichten, ausführlich mit Personen Ihres Vertrauens, insbesondere Ihrem Arzt, Ihren Angehörigen oder guten Freunden, vielleicht dem Priester/Pfarrer. Als Einleitung Ihrer Patientenverfügung sollten Sie deshalb unter Umständen auch Ihre weltanschaulichen Ansichten darstellen.

Denken Sie daran, dass Sie eine Patientenverfügung nicht mehr widerrufen können, wenn Sie in einen Zustand geraten sind, in dem Sie sich nicht mehr äußern können. Wenn Sie als Gesunder eine Patientenverfügung verfassen, so ist noch lange nicht gesagt, dass sich Ihre Meinung nicht ändern kann, wenn Sie eine schwere Erkrankung oder einen Unfall erleiden! Die Vorstellungen und Hoffnungen eines Kranken sind nicht selten anders und irrationaler als die eines Gesunden. Man klammert sich womöglich an jede Chance des Weiterlebens und sei es – aus der Sicht eines gesunden Menschen – noch so elend.

Es kann das rein praktische Problem auftreten, dass die Patientenverfügung den behandelnden Ärzten im Krankenhaus nicht unbedingt und automatisch bekannt sein muss. In der Regel fragen die Krankenhäuser aber bei der Aufnahme, ob eine solche Patientenverfügung vorliegt. Sollte dies nicht der Fall sein, sollten Sie oder Ihre Angehörigen von sich aus eine entsprechende Mitteilung machen.

Zuschauerfrage an die Redaktion „Escher. Der MDR-Ratgeber"

Frau P. aus Strausberg:

„Halten sich die Ärzte an das, was in der Patientenverfügung steht? Und was kann man tun, wenn sie die Apparate nicht abschalten, obwohl man das ausdrücklich bestimmt hat?“

Nach der Neufassung des § 1901 a BGB sind die Ärzte verpflichtet sich an eine Patientenverfügung zu halten. Bestehen zwischen Betreuer oder Bevollmächtigen und Arzt unterschiedliche Ansichten, muss das Betreuungsgericht angerufen werden. Entsprechendes gilt, wenn weder ein Bevollmächtigter noch ein Betreuer bestellt ist und der Arzt Maßnahmen treffen will, die mit der Patientenverfügung nicht in Einklang stehen. Jeder (also insbesondere Verwandte, Freunde, Vertrauenspersonen) kann das Betreuungsgericht anrufen.

Ein Arzt, der Ihren erklärten Patientenwillen missachtet, kann sich wegen Körperverletzung strafbar machen. In den aktuellen Grundsätzen zur ärztlichen Sterbebegleitung der Bundesärztekammer (Stand 2004) heißt es wörtlich: „Bei einwilligungsunfähigen Patienten ist die in einer Patientenverfügung zum Ausdruck gebrachte Ablehnung einer Behandlung für den Arzt bindend, sofern die konkrete Situation derjenigen entspricht, die der Patient in der Verfügung beschrieben hat und keine Anhaltspunkte für eine nachträgliche Willensänderung erkennbar sind.“

Vermeiden Sie also Beschreibungen von Situationen, die aus medizinischer oder rechtlicher Sicht nicht „wasserdicht“ oder auslegungsbedürftig sind. Ihre Patientenverfügung könnte dadurch „ins Leere laufen“.

ACHTUNG **DURCH VORSORGEVOLLMACHT ABSICHERN** ACHTUNG

Sichern Sie Ihre Patientenverfügung immer mit einer (Vorsorge-)Vollmacht (s. o.) ab. Nur so kann der in Ihrer Patientenverfügung zum Ausdruck gekommene Wille von Ihrer Vertrauensperson gegenüber den behandelnden Ärzten und der Familie durchgesetzt werden.

Zuschauerfrage an die Redaktion „Escher. Der MDR-Ratgeber"

Frau K. aus Stralsund:

„Ich möchte für meine 86-jährige Großmutter eine Patientenverfügung erstellen. Sie möchte das auch. Was müssen wir beide beachten?“

Vorab ist darauf hinzuweisen, dass Sie nicht für Ihre Großmutter eine Patientenverfügung erstellen können, sondern dass Sie ihr allenfalls bei der Abfassung einer solchen Verfügung behilflich sein können. Hier empfiehlt sich auf jeden Fall die Einschaltung eines Rechtsanwalts und/oder Notars und des Hausarztes.

Folgende Fragen müssen Sie vor Errichtung einer Patientenverfügung klären:

- Ihre Großmutter muss sich zunächst bewusst machen, was für sie persönlich menschenwürdiges Leben und Sterben bedeutet. Sie sollte die Frage beantworten, wo sie sterben möchte und wer sie in dieser Zeit begleiten soll.
- Ihre Großmutter muss für sich selbst klären, welche medizinische Behandlung sie im Ernstfall wünscht: Möchte sie lebenserhaltende Maßnahmen „um jeden Preis" oder stehen Schmerzlinderung und Symptombehandlung für sie im Vordergrund?
- In der Verfügung sollte klargestellt werden, dass Ihre Großmutter sich mit der Thematik auseinandergesetzt und „ihren Weg" gefunden hat. Sie muss sich darüber klar werden, dass ein in der Patientenverfügung erklärter Behandlungsverzicht unter Umständen auch einen Verzicht auf Weiterleben bedeuten kann.

Was kann oder sollte ich in einer Patientenverfügung alles regeln?

Unabhängig von der derzeitigen Diskussion über die Frage der aktiven und passiven Sterbehilfe ist eine Patientenverfügung nicht automatisch die Anordnung einer (straffreien) passiven Sterbehilfe, kann es aber sein.

Sinn und Zweck der Patientenverfügung ist es, für den Fall, dass man selbst nicht mehr in der Lage ist, entsprechende Wünsche zu äußern, genau anzuordnen, ob und wie man ärztlich behandelt werden will oder nicht, welche pflegerischen und medizinischen Maßnahmen getroffen werden sollen oder nicht.

- In einer Patientenverfügung können Sie z. B. anordnen, dass ab einem bestimmten Zeitpunkt, z. B. wenn Ihre Erkrankung einen irreversiblen Verlauf genommen hat, keine lebenserhaltenden Maßnahmen mehr durchgeführt werden sollen.
- Sie können in einer Patientenverfügung aber auch genau anordnen, dass und welche lebenserhaltenden bzw. -verlängernden Maßnahmen Sie ausdrücklich wünschen.

ACHTUNG **AKTIVE STERBEHILFE IST VERBOTEN** ACHTUNG

Beachten Sie, dass in Deutschland die aktive Sterbehilfe verboten ist. Hierzu gehören die aktive Tötung einer Person, Tötung auf Verlangen, aber auch die unterlassene Hilfeleistung.

Dagegen ist die passive Sterbehilfe, die Sie direkt oder indirekt in Ihrer Patientenverfügung angeordnet haben, straffrei. Das erklärt sich daraus, dass jede ärztliche Behandlung für sich rechtlich gesehen eine Körperverletzung ist. Nur dadurch, dass Sie in die ärztliche Behandlung einwilligen, stellt sie eine straffreie Körperverletzung dar. Im Gegenschluss macht der Arzt sich strafbar, wenn er Sie trotz Ihrer ausdrücklichen Weigerung (weiter-)behandelt. Eine Ausnahme gilt nur dann, wenn der Arzt berechtigte Zweifel an Ihrer Einsichtsfähigkeit hat. Hier muss er dann aber die Genehmigung zur ärztlichen Behandlung durch das Betreuungsgericht einholen, außer Sie haben durch eine Vorsorgevollmacht jemandem entsprechende Vollmacht erteilt, für Sie zu handeln, der dem Arzt dann in Ihrem Namen entsprechende Anweisungen erteilt. Dies sei an folgendem Beispiel erläutert:

Ein über 80-jähriger Patient ist schwer herzkrank, Aussicht auf Besserung auch durch eine entsprechende Operation besteht nicht. Schon zweimal wurde eine Reanimation durchgeführt. Der Angehörige kann nunmehr den behandelnden Ärzten die Anweisung geben, einen eventuellen weiteren Reanimationsversuch zu unterlassen.

Haben Sie angeordnet, dass unter bestimmten Umständen keine lebenserhaltenden oder -verlängernden Maßnahmen durchgeführt werden sollen (z. B. Anschluss an eine Herz-Lungen-Maschine), dann ist das Unterlassen des Einsatzes der Herz-Lungen-Maschine keine aktive Sterbehilfe. Auch das Abschalten einer Beatmungsmaschine oder die Entfernung einer Ernährungssonde ist keine aktive, sondern eine passive Sterbehilfe und zulässig, vor allem dann, wenn dies ausdrücklich schriftlich in einer Patientenverfügung niedergelegt worden ist und der Prozess der Sterbens bereits im Gange ist bzw. eine irreversible gesundheitliche Störung vorliegt, die alsbald zum Tod führen wird.

Sowohl die Hilfe und Begleitung im Sterbeprozess als auch das Recht, einen medizinischen Eingriff abzulehnen, sind von einer strafbaren Tötung auf Verlangen zu unterscheiden. Eine strafbare verbotene Tötung auf Verlangen kann weder von einem einwilligungsfähigen Patienten noch in einer Patientenverfügung wirksam gefordert werden. Zu beachten ist, dass jeder medizinische Eingriff der Einwilligung des Patienten bedarf, die er jederzeit widerrufen kann. Die künstliche Ernährung mittels Infusion oder PEG (Magensonde) oder künstliche Beamtung ist solch ein medizinischer Eingriff, der nur mit Einwilligung des Patienten (bzw. des Betreuers oder Bevollmächtigten) erfolgen darf. Widerruft der Patient (oder der Betreuer oder Bevollmächtigte) die Einwilligung, dann darf die betreffende Maßnahme vom Arzt nicht mehr durchgeführt werden, er macht sich sonst strafbar. Die Ablehnung der Durchführung oder Fortführung einer medizinischen Maßnahme – auch wenn dies zum Tod führt – ist somit keine Tötung auf Verlangen. Das Unterlassen der künstlichen Ernährung im Beispielfall stellt also keine Tötung auf Verlangen dar.

Wenn ein in der aktuellen Situation entscheidungsfähiger Patient den Arzt anweist, die künstliche Beatmung oder die künstliche Ernährung einzustellen, muss der Arzt dieser Anweisung Folge leisten. Der Patient hat dadurch die Einwilligung in die ärztliche Behandlung zurückgenommen. Jede weitere Behandlung ist somit eine Zwangsbehandlung. „Eine solche Zwangsbehandlung ist nicht nur nach zivilrechtlichen Grundsätzen unzulässig, sondern auch strafrechtlich eine Körperverletzung...Mit der Neufassung des § 1901 Abs. 3 BGB wird klargestellt, dass es für die Beachtung des Patientenwillen nicht auf Art und Stadium der Erkrankung ankommt. Ebenso, wie der in der aktuellen Situation entscheidungsfähige Patient ohne Rücksicht auf die Art und den Verlauf seiner Erkrankung selbst darüber befinden kann, ob und ggf. welche ärztliche Maßnahmen an ihm vorgenommen werden dürfen, ist es Ausfluss seines verfassungsrechtlich verbürgten Selbstbestimmungsrechts, eine solche Entscheidung auch im Voraus für den Fall seiner Entscheidungsunfähigkeit treffen und von seinen Vertretern die Durchsetzung seines Willens erwarten zu können.“ (Auszug aus der Gesetzesbegründung zur Neufassung des § 1901 a Abs. 3 BGB)

In Ihrer Patientenverfügung sollten Sie die folgenden Fragen genau beantworten:

- In welchen Situationen soll meine Patientenverfügung gelten?
  - ☐ Im unmittelbaren Sterbeprozess?
  - ☐ Im Endstadium einer tödlich verlaufenden Krankheit?
  - ☐ Im Wachkoma?
  - ☐ Bei Demenzerkrankung (z. B. Alzheimer)?
  - ☐ Bei dauerndem Verlust der Einsichts- und Kommunikationsfähigkeit?

- Welche ärztlichen Maßnahmen sollen in diesen Situationen getroffen werden?
  - Medizinische Maximalbetreuung oder Behandlungsabbruch?
  - Gewebe- und Organübertragungen zur (vorübergehenden) Lebensverlängerung?
  - Schmerz- und Symptombehandlung mit dem möglichen Risiko einer Lebenszeitverkürzung?
  - Künstliche Ernährung?
  - Künstliche Flüssigkeitszufuhr?
  - Wiederbelebungsmaßnahmen?
  - Künstliche Beatmung?
  - Blutwäsche oder -transfusion?
  - Antibiotika zur (vorübergehenden) Lebensverlängerung?

Sie können Ihnen sinnvoll erscheinende Behandlungsmethoden oder -therapien verlangen oder umgekehrt aus Ihrer Sicht nicht sinnvolle ausschließen. Und wie bereits erwähnt: Sichern Sie Ihre Patientenverfügung immer mit einer Vollmacht bzw. Vorsorgevollmacht ab. Nur so ist sichergestellt, dass der in Ihrer Patientenverfügung zum Ausdruck gebrachte Wille von Ihrer Vertrauensperson gegenüber den behandelnden Ärzten und der Familie durchgesetzt werden kann.

Zuschauerfrage an die Redaktion „Escher. Der MDR-Ratgeber"

Herr W. aus Cottbus:

„Stellen Ärzte Ihre Behandlung aufgrund einer Patientenverfügung völlig ein?"

Der in der Patientenverfügung erklärte Verzicht auf gewisse medizinische Maßnahmen bedeutet nie eine völlige Einstellung ärztlicher Behandlung. Es geht immer nur um eine Therapiereduktion, das heißt um den Verzicht auf bestimmte Medikamente, Transfusionen, Reanimationen oder Operationen. Die Maßnahmen, die die Ärzte fortsetzen, haben dann nicht mehr eine Lebensverlängerung zum Ziel, sondern sollen Ihnen eine bestmögliche Lebensqualität bieten. Es muss dabei stets eine ausreichende pflegerische Versorgung, menschliche Zuwendung, Stillung des Hunger- und Durstgefühls sowie eine ausreichende Zufuhr von Schmerzmitteln gewährleistet sein.

Welche formalen Kriterien muss ich beachten?

Gemäß der Neufassung des § 1901 a BGB ist es für ein wirksame Patientenverfügung erforderlich, dass der entsprechende Wille

- von einem einwilligungsfähigen Volljährigen verfasst wurde,
- in schriftlicher Form vorliegt und
- eine Entscheidung über die Einwilligung oder Nichteinwilligung in eine bestimmte, noch nicht unmittelbar bevorstehende ärztliche Maßnahme enthält.

Einwilligungsfähigkeit (auch Einsichts- und Steuerungsfähigkeit) ist ein rechtlicher Begriff, der die Fähigkeit eines Betroffenen beschreibt, in die Verletzung eines ihm zuzurechnenden Rechtsguts einzuwilligen bzw. diese abzulehnen. Erst durch die Einwilligung bleibt der nach den Grundsätzen der medizinischen Heilkunst korrekt durchgeführte ärztliche Eingriff, der sonst eine Körperverletzung darstellt (§ 223 StGB), straffrei (§ 228 StGB). Einwilligungsfähig ist, wer Art, Bedeutung und Tragweite (Risiken) der ärztlichen Maßnahme erfassen kann. Dabei kommt es freilich nicht im eigentlichen Sinne auf die Geschäftsfähigkeit des Patienten an, sondern auf seine Fähigkeit, die Komplexität des Eingriffs konkret zu erfassen. Diese Fähigkeit kann je nach der Art des Eingriffs und der Verfassung des Patienten auch bei dem Geschäftsunfähigen gegeben sein oder bei dem Geschäftsfähigen fehlen.

Allerdings kann in diesem Fall für den Einwilligungsunfähigen unter Umständen ein Betreuer zu bestellen sein, der anstelle des Betreuten einwilligen kann. Eine solche Einwilligung wäre wirksam und würde auch die erwähnte Rechtfertigungswirkung zur Folge haben. Ein Betreuer ist aber in seinen Entscheidungen an eine Patientenverfügung gebunden.

Aus Sicht des Betreuungsrechts ist hierbei auch zu beachten, dass derjenige, der einwilligungsfähig ist, auch selbst einwilligen muss. Wenn der Einwilligungsfähige einen Begriff von der Natur und Erforderlichkeit des Eingriffs und dessen Risiken hat, muss ihm die Entscheidung, ob er in den Eingriff einwilligt, auch überlassen bleiben.

Ist der Patient einwilligungsfähig, darf er also in keinem Fall gegen seinen Willen behandelt werden. Auch dann nicht, wenn für den Patienten ein rechtlicher Betreuer bestellt ist. Der behandelnde Arzt ist vielmehr verpflichtet, den Patienten über die Behandlung, deren Risiken und die Alternativen aufzuklären und dessen eigene Entscheidung herbeizuführen. Nur bei Einwilligungsunfähigen muss natürlich der Betreuer anstelle des Betreuten entsprechend medizinisch aufgeklärt werden. Gleiches gilt übrigens für einen Bevollmächtigten für Gesundheitsangelegenheiten.

Im Gegensatz zu einem Testament muss eine Patientenverfügung nicht vom Verfasser handschriftlich verfasst sein, es genügt ein mit dem Computer oder Schreibmaschine oder von einer anderen Person aufgesetztes Schriftstück, dass vom Verfasser der Patientenverfügung unterschreiben ist.

Wichtig: individuell verfassen

Gewisse allgemeine Formulierungen in Zusammenhang mit zukünftigen ärztlichen Behandlungen gelten nicht als Patientenverfügung, z. B.:

„Wenn ich einmal sehr krank und nicht mehr in der Lage bin, ein für mich erträgliches umweltbezogenes Leben zu führen, möchte ich würdevoll sterben."

Vermeiden Sie unbedingt Formulierungen wie „Solange eine realistische Aussicht auf Erhaltung eines erträglichen Lebens besteht" oder „ein unwürdiges Dahinvegetieren", „Apparatemedizin", „qualvolles Leiden" bzw. „Ich lehne bei irreversibler Bewusstlosigkeit den Einsatz lebenserhaltender Maßnahmen ab", oder auch Behandlungswünsche wie etwa über die Art und Weise oder der Ort der Behandlung (z. B. „Ich möchte von Herrn Dr. X im Krankenhaus Y behandelt werden").

Keine Patientenverfügungen sind konkrete und situationsbedingte mündliche Erklärungen über die Einwilligung oder Nichteinwilligung in eine unmittelbar bevorstehende Maßnahme, da diese nicht schriftlich erfolgen. Solche Erklärungen sind aber beachtlich und für den Arzt bindend. Keine Patientenverfügung sind Entscheidungen, die sich auf unmittelbar bevorstehende, also konkret und zeitnah durchzuführende Maßnahmen beziehen. Natürlich kann beispielsweise die Einwilligung in einen unmittelbar bevorstehenden ärztlichen Eingriff nach wie vor mündlich erklärt werden.

Grundsätzlich abzuraten ist von vorformulierten oder vorgedruckten Patientenverfügungen. Unterschreibt man eine solche Patientenverfügung einfach nur, bestehen erhebliche Zweifel, ob man sich wirklich mit diesem Thema auseinandergesetzt hat.

Es empfiehlt sich daher, das Muster einer Patientenverfügung genauestens durchzulesen, es mit einem Arzt und gegebenenfalls einem Anwalt zu besprechen und dann eine entsprechende individuelle Verfügung zu erstellen. Lassen Sie sich dabei sowohl von Ihrem Arzt als auch gegebenenfalls

Ihrem Anwalt bestätigen, dass Sie den Inhalt der Patientenverfügung verstanden haben. Eine zusätzliche notarielle Beglaubigung ist ratsam.

Leider kursiert eine Reihe von untauglichen Formularen. Das Bundesjustizministerium schätzt, dass etwa 70 Prozent mangelhaft sind.

ACHTUNG **FORMULIERUNGSHILFEN** ACHTUNG

Rechtsanwälte und Notare haben Formulierungsbeispiele, die sie Ihnen entsprechend erläutern. Auch einige Justizministerien haben entsprechende Formulierungshilfen herausgegeben.

Es ist noch einmal darauf hinzuweisen, dass Vordrucke nur Formulierungsbeispiele sind, die Ihnen einen Anhaltspunkt geben sollen, wie Sie gewisse Wünsche äußern können.

Unterschreiben Sie nur eine vorgedruckte Patientenverfügung, bestehen deshalb größere Zweifel an deren Wirksamkeit, als wenn Sie anhand eines Vordrucks selbst oder mit der Hilfe anderer Personen individuelle Formulierungen wählen, wobei Sie selbstverständlich Teile aus Vordrucken übernehmen, modifizieren, ändern oder ergänzen können.

ACHTUNG **DURCH ZEUGEN BESTÄTIGEN LASSEN** ACHTUNG

Wenn möglich lassen Sie sich aus Nachweisgründen von einem oder mehreren Zeugen bestätigen, dass die niedergelegte Patientenverfügung wirklich Ihrem Willen entspricht und es sich auch tatsächlich um Ihre Unterschrift handelt.

Zuschauerfrage an die Redaktion „Escher. Der MDR-Ratgeber"

Frau E. aus Lübbenau:

„Ich habe gelesen, dass man eine Patientenverfügung am besten von seinem Hausarzt durchsehen lassen sollte, um mögliche medizinische Aspekte besser einschätzen oder abklären zu können und damit die Verfügung hieb- und stichfest sitzt. Was rät der Experte dazu?“

Sie sollten vor der Erstellung einer Patientenverfügung den geplanten Inhalt mit einem Arzt Ihres Vertrauens besprechen. Das muss nicht Ihr Hausarzt sein. Gerade dort können für den Einzelfall entscheidende Aspekte besprochen werden, z. B. Krankheitsbilder und medizinische Behandlungen usw.

Zuschauerfrage an die Redaktion „Escher. Der MDR-Ratgeber"

Herr L. aus Niemegk:

„Wo erhalte ich Formulare für Vorsorgevollmacht und Patientenverfügung?“

Die vom Bundesministerium der Justiz eingesetzte Arbeitsgruppe „Patientenautonomie am Lebensende“ hat Formulierungshilfen für eine schriftliche Patientenverfügung ausgearbeitet. Es handelt sich dabei aber nicht um ein einheitliches Formular, sondern um verschiedene Textbausteine, bei denen Sie sich jeweils für das Therapieziel Lebenserhaltung bzw. ausschließliche Beschwerdelinderung entscheiden müssen. Die Textbausteine sind zwar in medizinischer und rechtlicher Hinsicht „perfekt“, aber für medizinische und juristische Laien teilweise schwer verständlich und müssen deshalb in einzelnen Punkten erläutert werden.

Die Textbausteine beinhalten:

- Eingangsformel unter Aufführung der eigenen Wunschvorstellungen, die im Rahmen der Patientenverfügung beachtet werden sollen,
- beispielhafte Situationen, für die die Verfügung gelten soll,
- Festlegung zu Einleitung, Umfang oder Beendigung bestimmter ärztlicher Maßnahmen. Hierunter fallen insbesondere:
    - Sollen lebenserhaltende Maßnahmen erfolgen?
    - Soll eine Schmerz- und Symptombehandlung erfolgen?
    - Soll künstliche Ernährung erfolgen?
    - Soll künstliche Flüssigkeitszufuhr erfolgen?
    - Sollen Wiederbelebungsmaßnahmen erfolgen?
    - Soll künstliche Beatmung erfolgen?
    - Soll eine Dialyse durchgeführt werden?
    - Sollen Antibiotika verabreicht werden?
    - Dürfen Blut oder Blutbestandteile verabreicht werden?
- Soll eine Organspende erfolgen?
- Festlegung des Ortes der Behandlung sowie des gewünschten Beistands,
- Aussagen zur Verbindlichkeit, zur Auslegung und Durchsetzung und zum Widerruf der Patientenverfügung,
- Hinweise auf weitere Vorsorgeverfügungen,
- Hinweis auf beigefügte Erläuterungen zur Patientenverfügung,
- Schlussformel mit Schlussbemerkungen,
- Information/Beratung,
- Hinweis auf ärztliche und/oder juristische Aufklärung sowie Bestätigung der Einwilligungsfähigkeit,
- Eventuelle Aktualisierung.

Bei der Abfassung Ihrer Patientenverfügung sollten Sie sich durch einen in diesen Fragen erfahrenen Rechtsanwalt oder Notar eingehend beraten lassen. Dies sollte auf Ihrer Patientenverfügung durch Ihren Berater bestätigt werden.

FORMULIERUNGSHILFEN DES BUNDESMINISTERIUMS DER JUSTIZ

Den vollständigen Text der Formulierungshilfen, die das Bundesministerium der Justiz veröffentlicht hat, können Sie entweder im Internet unter www.bmj.bund.de herunterladen oder beim Publikationsversand der Bundesregierung, Postfach 48 10 09, 18132 Rostock auf dem Postweg anfordern. Eine telefonische Bestellung ist über die Nummer (0 18 88) 8 08 08 00 möglich. Sie finden die Formulierungshilfen jedoch auch im zweiten Teil dieses Buches.

Notariell beglaubigte Patientenverfügung findet leichter Beachtung

In der Praxis erweist es sich immer wieder als sinnvoll, die Patientenverfügung notariell beglaubigen zu lassen. Eine notariell beglaubigte Patientenverfügung wird der Erfahrung nach eher von Ärzten beachtet als ein nur vom Patienten unterschriebenes Formular.

MIT VORSORGEVOLLMACHT VERBINDEN

Am sichersten gehen Sie, wenn Sie die Patientenverfügung zusammen mit einer Vorsorgevollmacht verfassen und von einem Notar beglaubigen lassen oder vor einem Notar errichten. (Der Notar setzt selbst die Urkunde auf und erläutert sie Ihnen.) Wenn eine Vollmacht im Bereich der Gesundheitsvorsorge erteilt worden ist, kann und darf der Bevollmächtigte ja schon aufgrund dieser Vollmacht handeln. Wenn dann zusätzlich in der Patientenverfügung festgelegt ist, was in bestimmten Krankheitsstadien geschehen soll, kann sich der Bevollmächtigte auch auf diesen so geäußerten Willen berufen. Ob Vorsorgevollmacht und Patientenverfügung in einer oder in getrennten Urkunden errichtet werden sollen, kommt auf den konkreten Einzelfall an. Besprechen Sie dies mit Ihrem Anwalt oder Notar.

Muss eine Patientenverfügung regelmäßig aktualisiert werden?

Der Gesetzgeber hat bewusst auf eine Aktualisierungspflicht und auf eine Beratungspflicht verzichtet.

Zur Begründung wird ausgeführt, dass allein der Zeitraum zwischen der Errichtung und der letzten Änderung oder Bestätigung der Patientenverfügung noch nicht die Schlussfolgerung rechtfertigt, dass die Patientenverfügung nicht mehr gelten soll. Individuelle Lebens- und Krankheitsverläufe sind so verschieden, dass eine Aktualisierungspflicht nicht weiterhelfen würde. Auch ohne Aktualisierungspflicht muss natürlich immer und insbesondere bei größeren Abständen zwischen der Errichtung oder letzten Bestätigung der Patientenverfügung und dem Behandlungszeitpunkt sorgfältig geprüft werden, ob der Verfasser zwischenzeitlich seine Festlegungen durch einen jederzeit formlos möglichen Widerruf zurückgenommen hat.

Wie mache ich auf meine Patientenverfügung aufmerksam?

Um sicherzugehen, dass Ihre Patientenverfügung beachtet wird, sollten Sie eine oder mehrere Personen Ihres Vertrauens über das Vorhandensein der Patientenverfügung in Kenntnis setzen.

IM KRANKENHAUS HINTERLEGEN

Mittlerweile wird in vielen Krankenhäusern nach dem Vorhandensein einer Patientenverfügung gefragt. Dort können Sie Ihre Patientenverfügung auch hinterlegen. Werden Sie nicht ausdrücklich gefragt, so weisen Sie darauf hin.

Im Gegensatz zu einer Vorsorgevollmacht können Sie eine (isolierte) Patientenverfügung derzeit nicht in einem Zentralregister eintragen lassen. Verknüpfen Sie die Vorsorgevollmacht, die Sie im Zentralregister haben eintragen lassen, mit einer Patientenverfügung in einem Schriftstück, so ist auch diese registriert.

Die Problematik besteht jedoch darin, dass in der Praxis wohl kaum jemand im Krankenhaus auf die Idee kommt, im Zentralregister für Vorsorgevollmachten nachzuschauen, ob eine Patientenverfügung vorliegt. Es empfiehlt sich daher auch, wie etwa bei einem Organspendeausweis, einen entsprechenden Hinweis in seinem Geldbeutel mit sich zu führen. Auf dieser Karte soll der Vermerk vorhanden sein, dass eine Patientenverfügung vorhanden ist und wo sich diese befindet.

BEIM HAUSARZT HINTERLEGEN

Empfehlenswert ist es auch, die Patientenverfügung oder eine Kopie davon bei Ihrem Hausarzt zu hinterlegen.

Am einfachsten ist es, die Person, die für Sie handeln soll, mit einer Kopie auszustatten und ihr mitzuteilen, wo sich das Original befindet. Dabei sollten Sie aber sicherstellen, dass man leicht an das Original herankommt. Selbstverständlich können Sie der Vertrauensperson auch das Original oder eine beglaubigte Abschrift geben. Eine Hinterlegung muss nicht zwingend durchgeführt werden. (Dies geht beim Zentralregister ohnehin nur bei Kombination mit einer Vorsorgevollmacht, s. o.) Bei einer Klinikeinweisung sollten Sie den zuständigen Arzt informieren, dass es eine Patientenverfügung gibt, und ihm zumindest eine möglichst beglaubigte Kopie aushändigen. Sie können selbst auf der Kopie bestätigen, dass es sich um eine echte Kopie des Originals handelt.

Einige private Organisationen (z. B. die Deutsche Hospizstiftung oder das Deutsche Rote Kreuz) bieten gegen Gebühr eine Hinterlegungsmöglichkeit an. Da aber gerade bei medizinischen Notfällen wenig Zeit für Nachfragen bleibt, sollten Sie auf jeden Fall die Patientenverfügung einer Vertrauensperson (Familienangehöriger, Arzt, Rechtsanwalt, Bevollmächtigter) in Kopie aushändigen und auf dieser Kopie vermerken, wo sich das Original befindet bzw. zusätzlich die Echtheit der Kopie bestätigen.

EINSETZEN EINER VERTRAUENSPERSON

Es empfiehlt sich, in der Patientenverfügung eine Vertrauensperson zu nennen, mit der die Festlegungen der Patientenverfügung im Bedarfsfall durchgesprochen werden können bzw. sollen, wenn Sie dazu nicht mehr in der Lage sind. Auch eventuell auftauchende Interpretationsschwierigkeiten können so leichter geklärt werden.

Bestimmen Sie eine Vertrauensperson, sollten Sie zunächst mit dieser Person besprechen, ob sie diese Verantwortung auch wirklich übernehmen will und kann. Sie sollten diesen Menschen sowohl bei Abfassung als auch bei Änderung Ihrer Patientenverfügung ins Vertrauen ziehen und dies mit ihm besprechen. Es kann ratsam sein, als Vertrauensperson nicht die Kinder, Ehegatten und sonstige Verwandte einzusetzen, da diese sich eventuell in einem emotionalen Konflikt befinden und somit unsicher ist, ob tatsächlich Ihr Wille oder der Wille Ihrer Angehörigen durchgesetzt wird.

Kann ich eine Patientenverfügung widerrufen?

Haben Sie in einer Patientenverfügung z. B. einen Behandlungsverzicht bei bestimmten Krankheitsverläufen festgelegt, so ist diese Verfügung nicht unwiderruflich. Selbstverständlich können Sie Ihre Meinung ändern. Eine Patientenverfügung kann jederzeit formlos widerrufen werden, dass heißt, im Gegensatz zur Errichtung muss der Widerruf nicht schriftlich erfolgen, es genügt eine einfache mündliche oder sonstige Erklärung gegenüber den behandelnden Arzt, dem Pflegepersonal, nahen Angehörige oder sonstigen Personen, aus der hervorgeht, dass Sie die Patientenverfügung widerrufen wollen.

Lassen Sie sich die Patientenverfügung, wenn Sie sie einem Dritten ausgehändigt haben und insbesondere wenn Sie eine Vorsorgevollmacht mit einer Patientenverfügung verbunden haben, diese, wenn Sie sie widerrufen möchten, zurückgeben. In diesem Fall müssten Sie aber, wenn Sie möchten, dass die Vorsorgevollmacht weiter besteht, eine neue Vorsorgevollmacht ohne Patientenverfügung erstellen bzw. auf der Vorsorgevollmacht einen Vermerk anbringen, dass Sie die Patientenverfügung widerrufen haben.

Problematisch kann es werden, wenn Sie die Vorsorgevollmacht und Patientenverfügung verbunden haben und widerrufen wollen, jedoch eventuell nicht mehr geschäftsfähig sind. Da Sie eine Vorsorgevollmacht nur widerrufen können, wenn Sie geschäftsfähig sind, empfiehlt es sich, einen Kontrollbevollmächtigten zu bestimmen, der, da er eine wirksame Vollmacht hat, in solchen Fällen die Vollmacht bzw. Patientenverfügung widerrufen kann.

Teilweise wird die Meinung vertreten, dass Sie auch eine Patientenverfügung nur widerrufen können, wenn Sie voll geschäftsfähig sind. Da aber nach der Rechtsprechung des BGH in der konkreten Situation der tatsächliche Wille erforscht werden muss, ist davon auszugehen, dass Sie selbst dann, wenn Sie nicht mehr (voll) geschäftsfähig sind, eventuell Ihre Patientenverfügung widerrufen können. Ob dieser Widerruf zu beachten ist, muss dann aber vom Betreuungsgericht entschieden werden.

Letzten Endes ist beim Widerruf einer Patientenverfügung durch eine nicht (mehr) geschäftsfähige Person zu beachten, dass bei der Durchsetzung der Patientenverfügung immer der mutmaßliche Wille in der konkreten Situation zu erforschen ist, also nicht starr an einem früher geäußerten Willen festgehalten werden muss oder darf. Gerade wenn seit Errichtung der Patientenverfügung ein längerer Zeitraum verstrichen ist oder Sie sich bei Abfassung der Patientenverfügung in einem guten Gesundheitszustand befanden, ist Anlass gegeben, trotz Vorliegen einer schriftlichen Patientenverfügung, soweit dies möglich ist, Ihren aktuellen (mutmaßlichen) Willen zu erforschen.

Die Betreuungsverfügung

Damit Sie die Bedeutung einer Betreuungsverfügung erkennen können, sollen Sie zunächst erfahren, was „Betreuung“ überhaupt bedeutet.

Was ist die Aufgabe eines Betreuers?

Ist jemand nicht (mehr) in der Lage, seine Angelegenheiten ganz oder teilweise selbst zu regeln, kann das Betreuungsgericht auf Anregung anderer Personen einen so genannten Betreuer bestellen, der dem Betreuten zur Seite stehen soll.

Betreuung bedeutet nicht Vormundschaft

Betreuung bedeutet nicht Bevormundung bzw. Vormundschaft. Nach dem Gesetz soll der Betreuer den Betreuten bei Regelung seiner Angelegenheiten unterstützen und hat deshalb die Stellung eines Vertreters. Der Betreute ist nach dem Gesetz und theoretisch in der Regel weiterhin voll berechtigt, im eigenen Namen Verträge abzuschließen, Kontoverfügungen vorzunehmen etc. Nur wenn ein so genannter Einwilligungsvorbehalt vom Gericht angeordnet wurde, bedürfen Verfügungen bzw. Verträge der Zustimmung des Betreuers. In der Praxis sieht dies aber teilweise anders aus. Ob und wie die Betreuung wahrgenommen wird, hängt jeweils von der Person und dem Engagement des Betreuers ab.

Die Betreuung kann für einen Teilbereich oder auch für das ganze Spektrum von der Vermögenssorge bis hin zur Gesundheitsfürsorge und Aufenthaltsbestimmung angeordnet werden. Die rechtliche Betreuung hat nichts mit der Pflege oder der sonstigen Fürsorge für den Betreuten zu tun. Der rechtliche Betreuer „organisiert“ lediglich entsprechende notwendige Dinge. Insofern besteht immer wieder ein großer Irrtum, wenn Angehörige der Meinung sind, ein gerichtlich bestellter Betreuer müsse nun persönlich die Pflege des Betreuten übernehmen. Vielmehr ist der Betreuer oft auf eine vertrauensvolle Zusammenarbeit mit den Personen, insbesondere Angehörigen, die sich bis zur Bestellung eines Betreuers um die zu betreuende Person gekümmert haben, angewiesen.

Da durch die Betreuung weitgehend in die Rechte des Betreuten eingegriffen wird, sieht das Gesetz vielfache Einwirkungsmöglichkeiten des Betreuten vor. Eine der wichtigsten Bestimmungen ist der § 1896 BGB. Danach darf eine Betreuung vom Gericht für Sie nicht angeordnet werden, wenn Sie, wie im Kapitel „Vorsorgevollmacht“ beschrieben, eine Betreuungsvollmacht erteilt haben.

ACHTUNG **MITARBEITER DES HEIMS DÜRFEN NICHT ZUM BETREUER BESTELLT WERDEN** ACHTUNG

Dies gilt jedoch nicht, wenn Sie in einem Heim oder einer sonstigen Einrichtung (Pflegeheim, Krankenhaus etc.) untergebracht sind und die Vollmacht einem Beschäftigten dieser Einrichtung erteilt haben. Solche Personen dürfen auch nicht zum Betreuer bestellt werden.

Wann wird ein Betreuer bestellt?

Obwohl das Gesetz bestimmt, dass keine Betreuung angeordnet werden darf, wenn ein Bevollmächtigter bestellt ist, kann es vorkommen, dass trotz einer entsprechenden Bevollmächtigung ein Betreuer oder Ergänzungsbetreuer bestellt wird. Dies ist immer dann der Fall, wenn eine Betreuung angeregt, die Notwendigkeit einer Betreuung bejaht wird und in der Person des Betreuers ein Interessenkonflikt besteht bzw. diese Person ungeeignet ist, die Betreuung ordnungsgemäß wahrzunehmen.

Das Gesetz sagt, dass eine Person nur dann zum Betreuer bestellt werden kann, wenn dies dem Wohl des Betreuten nicht zuwiderläuft. Die Rechtsprechung hat z. B. angenommen, dass die Bestellung eines Betreuers, der als Alleinerbe eingesetzt wurde, eventuell nicht dem Wohle des Betreuten entspricht, wenn zu befürchten ist, dass der Betreuer, um das Erbe weitgehend zu erhalten, dem Betreuten nicht ausreichend Mittel zur Verfügung stellt.

Eine ähnliche Situation ist gegeben, wenn ein Kind des Betroffenen zum Betreuer bestellt wird, das für sein Elternteil möglicherweise Unterhalt zahlen muss. Wenn die Kosten nicht gedeckt sind und für den Betreuten Sozialhilfe für die Deckung der Kosten der Unterbringung in einem Heim beantragt wird, wird in der Regel auf Anregung der Sozialhilfebehörde zumindest ein Ergänzungsbetreuer eingesetzt.

Zusammenfassend ist somit festzuhalten, dass Sie selbst dann, wenn Sie eine Vorsorgevollmacht oder Betreuungsverfügung erstellt haben, nicht sicher sein können, dass die von Ihnen bestimmte Person wirklich als Betreuer eingesetzt wird bzw. dass aufgrund der vorhandenen Vollmacht kein Betreuer bestimmt wird.

Zuschauerfrage an die Redaktion „Escher. Der MDR-Ratgeber"

Frau Z. aus Riesa:

„Ist das Amtsgericht bei der Auswahl eines Betreuers nicht gehalten, zunächst den nahen Personenkreis des Betroffenen (Verwandte, Bekannte usw.) zu berücksichtigen?"

Grundsätzlich ja. Sofern nicht der Betroffene vorab andere Wünsche geäußert hat und dies auch dem Gericht bekannt wird und dem Wohl des Betroffenen nicht zuwiderläuft. Der Angehörige muss natürlich bereit und geeignet sein, im entsprechenden Aufgabenkreis die Vertretung zu übernehmen. Erst wenn keine Angehörigen bekannt werden oder diese nicht bereit und geeignet sind, wird sich das Gericht für eine andere (fremde) Person entscheiden.

Zuschauerfrage an die Redaktion „Escher. Der MDR-Ratgeber"

Frau T. aus Prenzlau:

„Ich bin die Pflegeperson meines Vaters. Er ist 92 Jahre alt, hat leichte Demenz und hat noch keinen Pfleger. Bin ich jetzt automatisch seine Betreuerin? Oder was muss ich beantragen?"

Nein, Sie sind nicht automatisch die Betreuerin Ihres Vaters. Sie müssen beim zuständigen Betreuungsgericht anregen, dass ein Betreuungsverfahren eingeleitet und Sie als Betreuerin eingesetzt werden.

Was kann ich in einer Betreuungsverfügung regeln?

In einer Betreuungsverfügung können Sie weitgehend Bestimmungen für den Fall der Anordnung einer gerichtlichen Betreuung treffen und unter Beachtung der obigen Ausführungen verhindern, dass ein Ihnen vollkommen Unbekannter als Betreuer eingesetzt wird.

Soweit keine Beschränkungen bestehen, können Sie in einer Betreuungsverfügung insbesondere Folgendes regeln:

- Person des Betreuers einschließlich etwaiger Ersatzpersonen,
- Umfang der Betreuung,
- Wünsche, wie die Betreuung durchgeführt werden soll:
  - In welchem Heim will ich untergebracht bzw. nicht untergebracht werden?
  - Welche medizinischen Behandlungsmethoden wünsche ich bzw. wünsche ich nicht? (Verweis auf Patientenverfügung)

An dieser Stelle sei nochmals erwähnt, dass durch die Einsetzung eines Bevollmächtigten noch nicht sichergestellt ist, dass wirklich keine Betreuung angeordnet wird. Sie sollten deshalb für den Fall, dass, obwohl Sie jemandem eine Vollmacht erteilt haben, das Betreuungsgericht einen Betreuer einsetzt, in einer Betreuungsverfügung festlegen, welche Personen dann als Betreuer bzw. welche Personen ersatzweise als Betreuer eingesetzt werden sollen. Achten Sie hierbei darauf, dass es eben solche Personen sind, bei denen im oben aufgezeigten Sinne keine Interessenkollision besteht bzw. dass die von Ihnen benannte(n) Person(en) auch wirklich in der Lage (und auch bereit) ist (sind), die Betreuung zu übernehmen.

Machen Sie von der Möglichkeit der Betreuungsverfügung keinen Gebrauch, so ist das Betreuungsgericht zunächst gehalten, innerhalb der Verwandtschaft zu versuchen, einen geeigneten Betreuer zu finden.

Jemand, der zum Betreuer bestellt wird, hat grundsätzlich Anspruch auf eine Vergütung – außer er übernimmt die Betreuung ehrenamtlich. Diese ist vom Staat zu bezahlen, wenn der Betreute nicht über eigene ausreichende finanzielle Mittel verfügt. Verfügen Sie über ausreichende Mittel, so müssen Sie den vom Gericht für Sie bestellten Betreuer selbst bezahlen. Das Gericht wird sich deshalb in der Regel bemühen, zunächst einen Betreuer zu finden, der die Betreuung ehrenamtlich übernimmt. Dies können natürlich außer Verwandten auch andere geeignete Vertrauenspersonen sein, z. B. gute Freunde oder Bekannte oder Mitglieder eines Vereins etc.

Welche Form muss die Betreuungsverfügung haben?

Eine Betreuungsverfügung bedarf grundsätzlich keiner besonderen Form, sollte aber auf jeden Fall schriftlich erfolgen. Eine notarielle Beglaubigung ist nicht notwendig.

Welche Pflichten hat der Betreuer?

Der Betreuer muss dem Gericht umfassend Rechenschaft ablegen, es sei denn, er ist von der Rechenschaftslegung befreit, was eigentlich nur dann infrage kommt, wenn der Betreute über kein nennenswertes Vermögen bzw. über keine nennenswerten Einnahmen verfügt.

Der Betreuer muss deshalb zunächst bei Übernahme der Betreuung ein vollständiges Verzeichnis über das Vermögen, die Einnahmen, Ausgaben und Schulden erstellen. Dies ist dann jährlich und am Ende der Betreuung zu wiederholen.

Aufgrund der Rechenschaftspflicht des Betreuers gegenüber dem Betreuungsgericht kann es deshalb auch sinnvoll sein, Vorsorgevollmacht und Betreuungsverfügung so zu kombinieren, dass man für den Fall, dass grundsätzlich die Voraussetzungen einer Betreuung vorliegen, bestimmt, dass der bisher Bevollmächtigte zum Betreuer eingesetzt wird.

Zuschauerfrage an die Redaktion „Escher. Der MDR-Ratgeber"

Frau H. aus Lübeck:

„Ich bin bei meinem Mann als Betreuerin bestellt. Das Amtsgericht sagt, dass ich eine Vermögensaufstellung machen soll. Muss ich dem nachkommen?“

Ja, das müssen Sie. Allerdings kann Ihnen das Gericht Erleichterungen bei den Berichtspflichten einräumen. Dies sollten Sie beantragen. So ist es z. B. nicht unbedingt notwendig, eine umfangreiche Aufstellung von Hausrat und dergleichen anzufertigen, wenn sich hier keine Gegenstände von besonderem Wert befinden. Besprechen Sie deshalb mit dem zuständigen Rechtspfleger, wie Sie die Aufstellung fertigen sollen und auch, wie die Rechnungslegung erfolgen soll. Wenn Sie solche Dinge vorab klären, ersparen Sie sich Ärger.

ACHTUNG **ERLEICHTERUNGEN BEI DER RECHNUNGSLEGUNGSPFLICHT FÜR NAHE VERWANDTE** ACHTUNG

Ob ein Betreuer für die Dauer der Betreuung regelmäßig Rechnungslegungen fertigen muss, ist u. a. auch vom Verwandtschaftsgrad zum Betreuten abhängig. Grundsätzlich besteht laut Gesetz eine jährliche Rechnungslegungspflicht, ebenso wie nach Beendigung der Betreuung eine Schlussrechnung zu erfolgen hat. Im Rahmen des Verpflichtungsgesprächs beim zuständigen Rechtspfleger des Gerichts werden die Betreuer auch regelmäßig darauf hingewiesen. Nehmen Sie Rücksprache mit dem Rechtspfleger, evtl. sind Sie ja von der jährlichen Rechnungslegungspflicht befreit.

Welche Maßnahmen bedürfen der Zustimmung des Betreuungsgerichts?

Auch wenn eine Betreuung umfassend angeordnet wurde (Vermögenssorge, Gesundheitsfürsorge, Aufenthaltsbestimmung), muss für folgende Maßnahmen die Genehmigung des Betreuungsgerichtes eingeholt werden:

- Die Einwilligung oder Nichteinwilligung in eine Untersuchung des Gesundheitszustands, eine Heilbehandlung oder einen ärztlichen Eingriff, wenn die begründete Gefahr besteht, dass der Betreute aufgrund der Maßnahme oder Nichtdurchführung der Maßnahme stirbt oder einen schweren und länger dauernden gesundheitlichen Schaden erleidet. Die Genehmigung des Betreuungsgerichtes ist nicht erforderlich, wenn zwischen Betreuer und behandelndem Arzt Einvernehmen besteht, dass die Durchführung oder Nichtdurchführung der Maßnahme dem Willen des Betreuten entspricht (z. B. Sterilisation).
- Unterbringung in einer psychiatrischen Anstalt, einer Klinik oder einer entsprechenden Anstalt, wenn der Betreute nicht selbst darin einwilligt,
- Einschränkung der persönlichen Freiheit in einem Krankenhaus, Heim etc., z. B.
  - mechanische Vorrichtungen (Bettgitter etc.),
  - Medikamente,
  - Unterbringung in einer geschlossenen Anstalt (z. B. Stationen in psychiatrischen Krankenhäusern, die nicht freiwillig verlassen werden können),
  - Aufenthalt in einem Alten- oder Pflegeheim, das abgeschlossen ist.

- Kündigung der Mietwohnung des Betreuten,
- Abschluss eines Miet- oder Pachtvertrags, wenn dieser länger als vier Monate dauern soll,
- Vermietung von Wohnraum durch den Betreuten (wenn der Betreute z. B. eine Eigentumswohnung besitzt, die vermietet werden soll),
- Ausstattung oder Versprechen einer Ausstattung.

Wann endet die Betreuung?

Tod des Betreuten

Anders als eine Vollmacht, die in der Regel über den Tod hinaus gilt, endet die Betreuung mit dem Tod des Betreuten. Der Betreuer ist also nicht verpflichtet, ein so genanntes Nachlassverzeichnis zu erstellen. Diese Pflicht trifft die Erben. Die Erben können jedoch über das Betreuungsgericht den Schlussbericht des Betreuers anfordern und haben somit eine Grundlage zur Erstellung des Nachlassverzeichnisses.

Aufhebung der Betreuung durch das Betreuungsgericht

In folgenden Fällen kommt es zu einer Aufhebung der Betreuung durch das Betreuungsgericht:

- Wegfall des Grundes der Anordnung der Betreuung (Beispiel: Ein psychisch Erkrankter ist aufgrund der Behandlung wieder soweit genesen, dass er voll einsichtsfähig bzw. in der Lage ist, seine Angelegenheiten wieder selbst zu regeln.)
- Entlassung des Betreuers
- Tod des Betreuers

Ein wichtiger Grund für die Entlassung eines Betreuers liegt etwa vor, wenn dieser eine Abrechnung bewusst falsch erstellt hat.

Es kann aber auch vorkommen, dass sich der Betreuer mit seiner Aufgabe überfordert fühlt oder aus anderen Gründen (z. B. gesundheitliche oder familiäre) die Betreuung nicht mehr wahrnehmen kann oder möchte. In diesem Fall muss er seine Entlassung beim Amtsgericht beantragen. In diesem Zusammenhang ist es sinnvoll, eine andere Person vorzuschlagen, die bereit und geeignet ist, die Betreuung zu übernehmen.

Zuschauerfrage an die Redaktion „Escher. Der MDR-Ratgeber"

Herr B. aus Henningsdorf:

„Meine Frau soll als Betreuerin für meinen Schwager entlassen werden. Wie können wir einen solchen Betreuerwechsel rechtlich vermeiden?“

Am wichtigsten ist, dass – wenn es möglich ist – Ihr Schwager selbst dem Gericht erklärt, dass er keinen Betreuerwechsel wünscht. Das Gericht muss dem Wunsch des Betroffenen nämlich hohes Gewicht beimessen. Ansonsten kommt es natürlich auf die Gründe an, warum ein Betreuerwechsel vorgenommen werden soll. Hier können Ihr Schwager (gegebenenfalls ein zu bestellender Verfahrenspfleger) als Betreuter und Ihre Frau als Betreuerin in der Anhörung Argumente vorbringen. Entscheidet das Gericht dennoch nicht in Ihrem Sinne, kann Beschwerde eingelegt werden und die nächsthöhere Instanz überprüft dann diese Entscheidung.

Zuschauerfrage an die Redaktion „Escher. Der MDR-Ratgeber"

Frau A. aus Leipzig:

„Mein Mann ist Betreuer für seinen Adoptivvater. Er ist für Vermögenssorge, Gesundheitssorge und Aufenthaltsbestimmung zuständig. Im Falle des Todes ist er als Erbe eingesetzt. Muss er nun etwas beachten, um im Falle des Todes über Konten verfügen zu können bzw. diese zu kündigen?"

Die Betreuung endet mit dem Tod des Adoptivvaters. Alle weiteren Angelegenheiten können dann nur noch die Erben regeln. Ihr Mann könnte dann also nur noch in seiner Eigenschaft als Erbe handeln.

Testament – ja oder nein?

Viele Menschen machen sich Sorgen darüber, in wessen Hände das Erbe einmal fällt, wenn sie kein Testament hinterlassen haben. Mancher befürchtet gar, dass es an den Staat geht, wenn nichts geregelt wurde. Hier können wir Sie beruhigen: Hat eine Person kein Testament bzw. keinen Erbvertrag hinterlassen, tritt nach ihrem Tod die gesetzliche Erbfolge ein. Diese ist im Bürgerlichen Gesetzbuch geregelt. Nach der gesetzlichen Erbfolge erben die Verwandten des Verstorbenen.

Die gesetzliche Erbfolge

Bei der gesetzlichen Erbfolge erben keineswegs sämtliche vorhandenen Verwandten. Das Bürgerliche Gesetzbuch hat die Erben in verschiedene Ordnungen eingeteilt, und zwar nach Verwandtschaftsgraden. Erben einer entfernteren Ordnung kommen erst dann als Erben infrage, wenn es keine Erben einer näheren Ordnung gibt. Schauen wir uns zunächst an, welche Verwandten in welcher Ordnung erben.

Erben der 1. Ordnung

Kinder (auch Adoptivkinder), Enkel und Urenkel sind Erben 1. Ordnung.

Seit dem Erbrechtsgleichstellungsgesetz sind sämtliche nicht ehelich geborenen Kinder ebenfalls erbberechtigt. Hier gibt es lediglich eine kleine Ausnahme für diejenigen nicht ehelich geborenen Kinder, die vor dem 01.07.1949 geboren wurden und deren Vater am 02.10.1990 seinen ständigen Wohnsitz in den alten Bundesländern hatte.

Zuschauerfrage an die Redaktion „Escher. Der MDR-Ratgeber"

Herr Z. aus Dresden:

„Ich bin verheiratet und habe aus meiner Ehe ein Kind. Außerdem habe ich ein nichteheliches Kind, zu dem ich jedoch keinen Kontakt habe. Erbt mein eheliches Kind allein oder steht auch meinen Eltern oder dem nichtehelichen Kind ein gesetzlicher Erbteil zu?“

Im Falle Ihres Todes erben Ihre beiden Kinder je zur Hälfte. Beide Kinder sind Erben der 1. Ordnung. Dabei spielt es keine Rolle, ob ein Kind in oder außerhalb einer Ehe geboren wurde. Ihre Eltern wären Erben der 2. Ordnung. Da die Kinder als Erben der 1. Ordnung Vorrang haben, schließen sie Ihre Eltern als Erben 2. Ordnung völlig aus.

Erben der 2. Ordnung

Zu den Erben der 2. Ordnung gehören Eltern, Geschwister oder Neffen und Nichten des Erblassers. Diese kommen jedoch erst dann für die gesetzliche Erbfolge infrage, wenn es keine Erben in der 1. Ordnung gibt.

Zuschauerfrage an die Redaktion „Escher. Der MDR-Ratgeber"

Frau R. aus Pirna:

„Ich bin ledig und habe keine Kinder. Mein Vater lebt, aber meine Mutter ist bereits verstorben. Ich habe einen Bruder. Wer erbt nach mir?“

Ihr Bruder und Ihr Vater erben jeweils zur Hälfte. Wäre Ihre Mutter noch am Leben, würden Ihre beiden Eltern jeweils zur Hälfte erben. Da Ihre Mutter jedoch verstorben ist, geht der ihr zugedachte Anteil an das weitere Kind, also an Ihren Bruder.

Erben der 3. Ordnung

Erben der 3. Ordnung sind die Großeltern eines Erblassers. Wenn diese bereits verstorben sind, gelangen Onkel und Tanten des Erblassers bzw. deren Kinder, also die Neffen und Nichten, zur Erbfolge. Verwandte der 3. Ordnung erben erst dann, wenn es keine Erben der 1. oder 2. Ordnung gibt.

Zuschauerfrage an die Redaktion „Escher. Der MDR-Ratgeber"

Herr B. aus Berlin:

„Ich bin geschieden, habe keine Kinder und auch keine Geschwister. Meine Eltern leben beide nicht mehr. Auch meine Großeltern sind bereits verstorben. Meine Eltern hatten beide sehr viele Geschwister, von denen einige nicht mehr leben, aber Kinder hinterlassen haben. Wer erhält mein Erbe, wenn ich ohne ein Testament versterbe?"

Da Sie keine Kinder haben und es auch keine Eltern bzw. Geschwister gibt, haben Sie keine Erben in der 1. oder 2. Ordnung. Dann wären eigentlich Ihre Großeltern als Erben der 3. Ordnung zur Erbfolge berufen. Da diese nicht mehr am Leben sind, rücken an deren Stelle die anderen Kinder der Großeltern, also Ihre jeweiligen Onkel und Tanten nach. Anstelle verstorbener Onkel oder Tanten treten deren Kinder. Es ist also mit einer Vielzahl von Erben zu rechnen. Sie sollten unbedingt darüber nachdenken, ob Ihr Erbe an alle diese Personen gehen soll oder ob Sie vielmehr mit einem Testament Ihnen nahe stehende Personen oder eine gemeinnützige Einrichtung bedenken wollen.

Erben höherer Ordnung

Sind keine Erben in der 1., 2. oder 3. Ordnung vorhanden, geht das Erbe nicht etwa automatisch an den Staat. Es erben vielmehr die weiter entfernten Verwandten, sofern sie ihr Erbrecht nachweisen können. Das ist jedoch häufig mit Schwierigkeiten verbunden. Ein Erbe der 4. Ordnung könnte beispielsweise ein Bruder eines Großvaters sein. In diesen Fällen ist das Erbrecht häufig schwer zu beweisen, weil die entsprechenden Geburts- und Sterbeurkunden vorgelegt werden müssen, aus denen hervorgeht, wie der Erbe mit dem Erblasser verwandt ist. Derartige Fälle sind in der Praxis äußerst selten.

Wie verteilt sich das Erbe innerhalb einer Ordnung?

Es stellt sich nun die Frage, ob etwa alle Verwandten innerhalb einer Ordnung gemeinsam erben. Beispielsweise sind Erben der 1. Ordnung Kinder, Enkel und Urenkel. Bekommt nun jeder von ihnen etwas vom Erbe ab?

Innerhalb einer Ordnung von Verwandten gilt für jeden Stamm das Repräsentationsprinzip. Danach erbt jeweils die Person innerhalb eines Stammes, die dem Erblasser am nächsten ist. Gibt es in einer Familie beispielsweise zwei Kinder sowie jede Menge Enkel und Urenkel, sind die Enkel und Urenkel zunächst nicht zur Erbfolge berufen. Leben die Kinder beim Erbfall des Erblassers, repräsentieren sie jeweils den Stamm und schließen die nachfolgenden Enkel und Urenkel aus. Erst wenn eines der Kinder vor dem Erbfall etwa durch einen Unfall verstorben ist, können dessen Kinder für den Anteil des Verstorbenen nachrücken.

Zuschauerfrage an die Redaktion „Escher. Der MDR-Ratgeber"

Herr S. aus Hannover:

„Ich bin geschieden und habe zwei Kinder, einen Sohn und eine Tochter. Mein Sohn ist jedoch im letzten Jahr an Krebs gestorben und hinterlässt drei Kinder. Meine Tochter hat ebenfalls Kinder. Wird das Erbe jetzt gleichmäßig auf meine Tochter und die drei Enkel zu jeweils einem Viertel verteilt oder wie hoch ist die Erbquote für die Enkel?“

Als Erben 1. Ordnung hätten eigentlich Ihr Sohn und Ihre Tochter je zur Hälfte geerbt. Da Ihr Sohn tragischerweise vor Ihnen verstorben ist, kann er sein Erbe nicht antreten. An seine Stelle rücken seine drei Kinder, also Ihre drei Enkel nach. Für Ihre Tochter bleibt es bei der Erbquote von 1/2. Die drei Enkel von Ihrem Sohn teilen sich die ursprünglich Ihrem Sohn zugedachte andere Hälfte, sodass jedes Enkelkind 1/6 Anteil erhält.

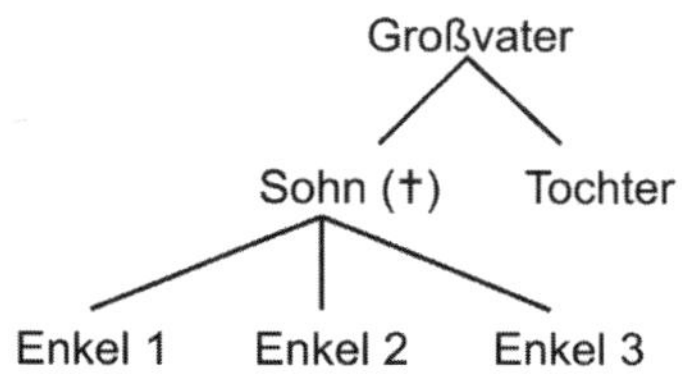

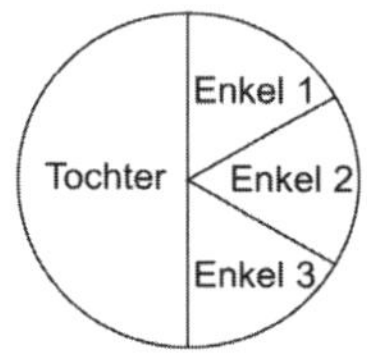

Das gesetzliche Erbrecht des Ehegatten

Sie werden sich vielleicht gewundert haben, warum das Erbrecht des Ehegatten nicht mit bei den Verwandten geregelt ist. Das liegt ganz einfach daran, dass der Ehegatte kein Verwandter im Sinne des Gesetzes ist. Aus diesem Grund ist das Erbrecht für den Ehegatten im Bürgerlichen Gesetzbuch gesondert geregelt. Die Höhe der Erbquote für den Ehegatten ist von zwei Fragen abhängig:

1 In welchem Güterstand befanden sich die Eheleute?

2 Neben welchen Verwandten erbt der Ehegatte?

Wie wirkt sich der Güterstand auf die Erbquoten aus?

Die Zugewinngemeinschaft ist der Güterstand, in dem alle leben, die keinen Ehevertrag vor einem Notar abgeschlossen haben. In einem Notarvertrag ist es möglich, Gütertrennung oder auch Gütergemeinschaft zu vereinbaren.

Die Zugewinngemeinschaft ist in der Praxis am häufigsten anzutreffen. Wie in jedem anderen Güterstand auch können die Ehegatten in der Zugewinngemeinschaft während der Ehe jeder allein oder beide gemeinsam Vermögen erwerben. Dieses während der Ehe erworbene Vermögen der Ehegatten nennt man Zugewinn. Der Zugewinn der Ehepartner kann unterschiedlich hoch sein, beispielsweise wenn ein Ehegatte allein aus seinem Verdienst während der Ehe auf seinen Namen Geld auf einem Sparbuch anlegt. Sollten sich beide scheiden lassen, müsste eine etwaige Differenz in der Höhe des allein erworbenen Vermögens ausgeglichen werden. Derjenige Ehegatte, der den höheren Zugewinn erzielt hat, muss dem anderen die Hälfte der Differenz des Zugewinns auszahlen. Diese Zahlung ist der so genannte Zugewinnausgleich, woher dieser Güterstand seinen Namen hat.

Mit einem Notarvertrag können Eheleute vereinbaren, dass für Sie nicht mehr die Zugewinngemeinschaft gelten soll, sondern Gütertrennung oder Gütergemeinschaft. Diese Güterstände sind jedoch nur in wenigen Fällen wirklich sinnvoll. Häufig wird nicht beachtet, dass sich eine Änderung des Güterstands auch auf die Erbquoten für den überlebenden Ehegatten und die anderen Verwandten auswirken kann. Ein Wechsel des Güterstands sollte also vor einer notariellen Vereinbarung sehr gründlich überlegt werden. Dazu sollte man sich unbedingt juristischen Rat einholen.

Der Normalfall: die Zugewinngemeinschaft

In der Zugewinngemeinschaft erbt der überlebende Ehegatte – wenn Kinder vorhanden sind – die Hälfte des Erbes, die andere Hälfte teilen sich die Kinder. Dieser hälftige Erbteil für den Ehegatten setzt sich streng genommen aus zwei Anteilen zusammen: Zum einen erbt der Ehegatte gemäß § 1931 BGB (gesetzliches Erbrecht) zu einem Viertel und zum anderen gemäß § 1371 BGB (pauschaler erbrechtlicher Zugewinnausgleich) zu einem weiteren Viertel.

Dabei spielt es für die Erbquote des Ehegatten keine Rolle, ob die Eheleute ein, zwei oder mehr Kinder haben. Für den Ehegatten bleibt die Quote immer bei 1/2, das Kind bzw. die Kinder teilen sich die andere Hälfte der Erbschaft. Sind mehrere Kinder vorhanden, wird für diese die Erbquote jeweils kleiner.

Zuschauerfrage an die Redaktion „Escher. Der MDR-Ratgeber"

Familie L. aus Magdeburg:

„Wir sind im gesetzlichen Güterstand verheiratet und haben bisher ein Kind. Bei uns hat sich Nachwuchs angekündigt. Es werden Zwillinge! Verkleinert sich durch unseren Familienzuwachs die Erbquote für den überlebenden Ehegatten, wenn einer von uns versterben sollte?"

Ist nur ein Kind vorhanden, erben der überlebende Ehegatte und das Kind je zur Hälfte. Jetzt, wo Ihre Zwillinge kommen, hat sich die Lage jedoch bereits verändert. Für den überlebenden Ehegatten bleibt es in der Zugewinngemeinschaft bei der Erbquote 1/2. Die andere Hälfte müssen sich nunmehr drei Kinder teilen, sodass jedes Kind 1/6 Anteil erhält. Diese Änderung der Erbquoten tritt nicht erst dann ein, wenn die Zwillinge geboren werden. Da auch ungeborene Kinder bereits erben können, hat sich die Erbquote für Sie bereits verändert.

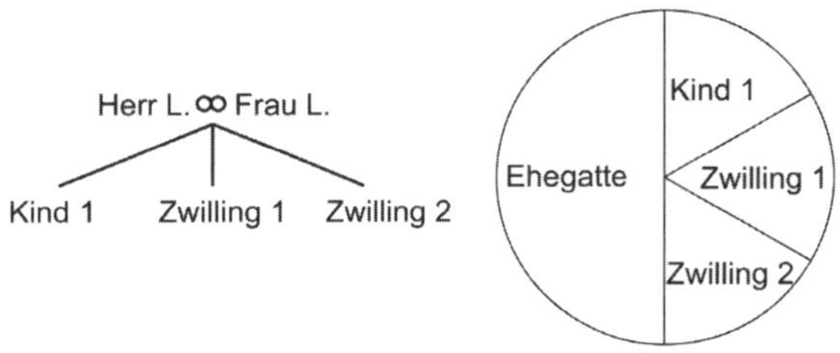

Zuschauerfrage an die Redaktion „Escher. Der MDR-Ratgeber"

Frau A. aus Schulzendorf:

„Vor zwei Monaten ist mein Mann verstorben. Wir lebten im gesetzlichen Güterstand der Zugewinngemeinschaft und haben einen gemeinsamen Sohn. Ein Testament hatten wir nicht verfasst. Nach der gesetzlichen Erbfolge haben mein Sohn und ich je die Hälfte geerbt. Erst jetzt – zwei Monate nach dem Tod meines Mannes – stellt sich heraus, dass er ein außereheliches Kind hatte, von dem ich nichts wusste. Wie viel erbt nun diese außereheliche Tochter meines Mannes? Verringert sich dadurch mein Erbteil?"

An Ihrer Erbquote ändert sich dadurch nichts. Vom Nachlass Ihres Mannes erhalten Sie nach wie vor die Hälfte. Für Ihren Sohn jedoch ändert sich die Quote. Die restliche Hälfte des Erbes teilen sich Ihr Sohn und die nichteheliche Tochter, sodass jedes Kind ein Viertel erhält. Es ist bedauerlich, dass Ihr

Mann Ihnen nichts von dieser Tochter erzählt hat. Sie hätten gemeinsam beraten können, ob unter diesen Umständen Vorkehrungen hätten getroffen werden müssen. Ein Testament wäre sicher sinnvoll gewesen.

Erbt bei der Zugewinngemeinschaft der Ehegatte neben Eltern bzw. Geschwistern oder Neffen und Nichten, erhält er 3/4 der Erbschaft. Das restliche Viertel geht dann an diese übrigen Verwandten der 2. Ordnung. Leben die Eltern des Erblassers beide, so erben sie dieses Viertel gemeinsam. Sind die Eltern bereits verstorben, geht dieser Anteil an die Geschwister bzw. falls diese verstorben sind, an die Neffen und Nichten.

Wenn Gütertrennung vereinbart ist

Haben die Eheleute Gütertrennung vereinbart, erhält der Ehegatte generell eine kleinere Erbquote, weil das Gesetz hier keinen pauschalen erbrechtlichen Zugewinnausgleich vorsieht. Wenn der Ehegatte neben Kindern erbt, erben der Ehegatte und die Kinder bei Gütertrennung jeweils gleichberechtigt. Ist nur ein Kind vorhanden, teilen sich der Ehegatte und das Kind die Erbschaft je zur Hälfte. Sind dagegen zwei Kinder vorhanden, erbt jeder der Beteiligten ein Drittel, was eine deutliche Verkleinerung der Erbquote des Ehegatten im Vergleich zur Zugewinngemeinschaft bedeutet. Sind mehrere Kinder vorhanden, muss dem Ehegatten bei der Gütertrennung jedoch mindestens ein Viertel Anteil von der Erbschaft verbleiben.

Zuschauerfrage an die Redaktion „Escher. Der MDR-Ratgeber"

Frau R. aus Hamburg:

„Wir sind verheiratet und haben zwei Kinder. Bisher hatten wir keinen Ehevertrag abgeschlossen. Da meinem Mann ein kleiner Handwerksbetrieb gehört, wollen wir jetzt Gütertrennung vereinbaren, damit ich nicht hafte, wenn mein Mann Schulden mit dem Betrieb macht. Jetzt sind wir verunsichert, weil wir gehört haben, dass sich meine gesetzliche Erbquote dadurch verkleinert, wenn mein Mann stirbt. Stimmt das?"

Wenn Sie keinen Ehevertrag vereinbaren, sondern es bei der Zugewinngemeinschaft belassen, erben Sie die Hälfte und Ihre beiden Kinder jeweils ein Viertel.

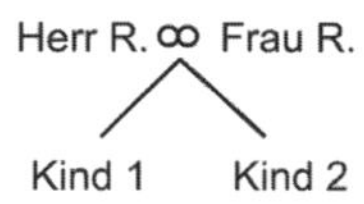

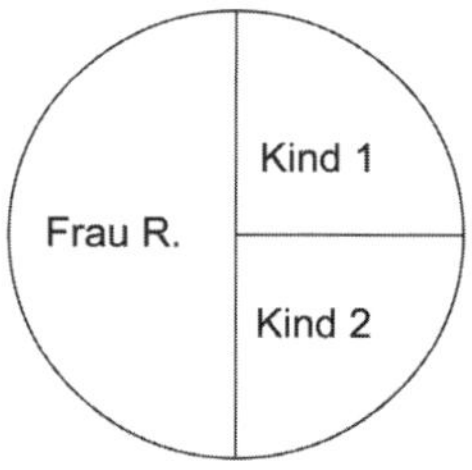

Vereinbaren Sie dagegen Gütertrennung, erben Sie und die beiden Kinder jeweils ein Drittel. Das ist tatsächlich eine Verringerung Ihrer Erbquote gegenüber dem gesetzlichen Güterstand.

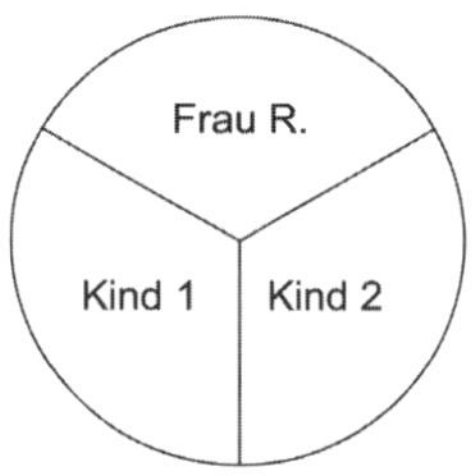

Sie sollten tatsächlich überlegen, ob die Gütertrennung das Richtige für Sie ist. Für Schulden Ihres Mannes müssen Sie unabhängig vom Güterstand nicht haften, es sei denn, Sie haben bei der Bank gebürgt oder sind selbst als Kreditnehmerin aufgetreten. Denken Sie darüber nach, ob es nicht besser wäre, die Zugewinngemeinschaft vom Grundsatz her zu belassen und lediglich in Einzelfragen, die die Firma betreffen, abzuwandeln.

MODIFIZIERTE ZUGEWINNGEMEINSCHAFT VEREINBAREN

In einem Notarvertrag kann man auch eine „modifizierte Zugewinngemeinschaft" vereinbaren, bei der Einzelfragen zur Firma geregelt werden können. Vereinbaren Sie eine modifizierte Zugewinngemeinschaft, bleibt es grundsätzlich beim gesetzlichen Güterstand, bei dem sich die Erbquote für Sie nicht ändert.

Auch wenn der Ehegatte nicht neben Kindern, sondern neben sonstigen Verwandten erbt, entscheidet der Güterstand, wie hoch die Erbquote für den Ehegatten ist. Bei Zugewinngemeinschaft erbt der überlebende Ehegatte neben den sonstigen Verwandten 3/4. Haben die Eheleute dagegen Gütertrennung vereinbart, erbt der Ehegatte lediglich zur Hälfte.

Übersicht über die Erbquoten

Die nachfolgende Übersicht zeigt in Tabellenform, wie viel der Ehegatte neben Abkömmlingen jeweils bei den einzelnen Güterständen erbt.

EHEGATTENERBTEILE GEGENÜBER ERBTEILEN VON ABKÖMMLINGEN

Güterstand	Ehegatte Erbteil	1 Kind Erbteil	2 Kinder jeweils
Zugewinn-gemeinschaft	1/2	1/2	-
	1/2	-	1/4
Gütertrennung	1/2	1/2	-
	1/3	-	1/3
Gütergemeinschaft	1/4	3/4	-
	1/4 (dazu die Hälfte des Gesamtgutes)	-	3/8

Erbt der Ehegatte nicht neben Abkömmlingen, sondern neben sonstigen Verwandten, sehen die Erbquoten folgendermaßen aus:

EHEGATTENERBTEILE GEGENÜBER ERBTEILEN ANDERER VERWANDTER

Güterstand	Ehegatte Erbteil	Eltern und deren Abkömmlinge Erbteile zusammen
Zugewinn-gemeinschaft	3/4	1/4
Gütertrennung	1/2	1/2
Gütergemeinschaft	1/2 (dazu die Hälfte des Gesamtgutes)	1/2

Zuschauerfrage an die Redaktion „Escher. Der MDR-Ratgeber"

Frau E. aus Güstrow:

„Mein Mann ist vor sechs Monaten verstorben. Ein Testament hatten wir nicht verfasst. Wir haben keine Kinder. Die Eltern meines Mannes sind bereits verstorben. Es gibt aber einen Bruder meines Mannes, mit dem er sich noch nie vertragen hat. Für unser Reihenhaus waren wir beide, mein Mann und ich, im Grundbuch eingetragen. Jetzt kommt mein Schwager und meint, dass er auch geerbt habe. Er hat mir gedroht, dass er das Haus versteigern lässt, wenn ich ihn nicht auszahle. Darf er das überhaupt?"

Leider hat Ihr Schwager Recht. Nach der gesetzlichen Erbfolge beträgt Ihr Erbanteil lediglich drei Viertel, das restliche Viertel geht tatsächlich an Ihren Schwager. Damit hat er auch von der Haushälfte, die Ihrem Mann gehört hat, ein Viertel geerbt. Da Ihrem Mann die Hälfte des Grundstücks gehörte, geht es damit um einen Grundstücksanteil von einem Achtel. Das kann Sie tatsächlich in eine unangenehme Lage bringen. Ihr Schwager ist wirklich berechtigt, eine Teilungsversteigerung für das Haus zu beantragen. Er muss dabei jedoch beachten, dass im Fall einer Versteigerung das Haus für einen sehr niedrigen Preis verkauft werden kann, sodass auch er möglicherweise dabei einbüßt. Schließlich können auch Sie im Fall einer Versteigerung versuchen, das Haus zu ersteigern. Eine Versteigerung ist in jedem Fall ein Verfahren, das Sie Zeit, Nerven und Geld kosten kann. Sie sollten deshalb unbedingt mit Ihrem Schwager sprechen und über die Auszahlung seines Erbteils verhandeln. Durch ein unkompliziertes Testament wäre die nun eingetretene Situation vermeidbar gewesen.

Gesetzlicher Voraus des Ehegatten

Zusätzlich zu seinem gesetzlichen Erbteil erhält der überlebende Ehegatte den so genannten „Voraus". Dabei handelt es sich um ein gesetzliches Vorausvermächtnis. Das heißt, dass der Ehegatte die Hausratsgegenstände ohne Anrechnung auf seinen Erbteil zusätzlich zu seiner Erbquote erhält.

Erbt der Ehegatte nach der gesetzlichen Erbfolge, umfasst der Voraus neben den Hochzeitsgeschenken diejenigen Hausratsgegenstände, die er zur Führung seines Haushalts benötigt. Der gesetzliche Voraus schützt den überlebenden Ehegatten dahingehend, dass er weiter in seiner bisherigen Umgebung wohnen kann. Hausratsgegenstände haben zwar häufig keinen hohen Verkehrswert. Würde jedoch ein Miterbe diese Gegenstände bei der Teilung beanspruchen, müsste der überlebende Ehegatte für teures Geld neue Hausratsgegenstände anschaffen, was durch diese gesetzliche Regelung vermieden wird.

Zuschauerfrage an die Redaktion „Escher. Der MDR-Ratgeber"

Herr J. aus Großenhain:

„Nach dem Tod meiner Frau ist die gesetzliche Erbfolge eingetreten, wonach ich mit unserem gemeinsamen Sohn und dem Sohn meiner Frau aus erster Ehe geerbt habe. Bei der Teilung des Nachlasses verlangt der Sohn aus erster Ehe jetzt, dass ich den Hausratsanteil meiner verstorbenen Frau schätzen lasse. Da er sich gerade selbst eine Wohnung einrichtet, will er jetzt Teile unserer neu gekauften Einbauküche, den Fernseher und die Radioanlage mitnehmen. Muss ich mir das gefallen lassen?"

Nein, das müssen Sie nicht. Da die gesetzliche Erbfolge eingetreten ist, steht Ihnen als gesetzlicher Voraus der Anteil Ihrer Frau an den Hausratsgegenständen zu sowie auch etwaige Hochzeitsgeschenke. Das bedeutet, dass alle Hausratsgegenstände bei Ihnen bleiben und Ihnen auch wertmäßig nicht angerechnet werden. Sie müssen die Hausratsgegenstände nicht schätzen lassen und dem Sohn aus erster Ehe auch keine Gegenstände herausgeben. Diese Gegenstände behalten Sie und sie werden bei der Teilung nicht berücksichtigt.

Was sieht das Erbrecht für andere Formen der Partnerschaft vor?

Eingetragener gleichgeschlechtlicher Lebenspartner

Der Lebenspartner einer eingetragenen gleichgeschlechtlichen Lebenspartnerschaft ist dem Ehegatten erbrechtlich weitgehend gleichgestellt, sodass im Wesentlichen die Ausführungen zum Erbrecht des Ehegatten zutreffen.

Der Lebensgefährte

Das gesetzliche Erbrecht gilt nur für Ehegatten. Lebensgefährten fallen nicht darunter und gehen bei der gesetzlichen Erbfolge völlig leer aus. Gerade langjährige Lebensgefährten sollten daher darüber nachdenken, ob sie sich mit zwei getrennten Testamenten gegenseitig absichern, damit der andere nicht leer ausgeht. Möglicherweise sollte auch die Frage einer Eheschließung in die Überlegungen einbezogen werden. Auch an die Erbschaftsteuer sollte gedacht werden. Lebensgefährten haben nur einen Freibetrag von 20.000 Euro. Der darüber hinausgehende geerbte Wert ist mit 30 Prozent zu versteuern!

Zuschauerfrage an die Redaktion „Escher. Der MDR-Ratgeber"

Frau B. aus Görlitz:

„Für meinen Lebensgefährten und mich ist Heiraten zurzeit kein Thema. Wenn einer von uns stirbt, soll der Überlebende den gesamten Hausrat in der Wohnung und auch den gemeinsam angeschafften Pkw behalten. Das haben wir auch jeweils unseren Kindern aus unseren geschiedenen ersten Ehen erzählt, die damit einverstanden sind. Ein Testament ist sicher für uns nicht notwendig. Reicht diese Regelung so aus?"

Keinesfalls. Sie haben kein Testament verfasst, sondern lediglich mündlich erklärt, was mit diesen Gegenständen werden soll. Das ist im Erbfall nicht bindend, sodass die gesetzliche Erbfolge eintritt. Jeder von Ihnen beiden wird danach von seinen Kindern beerbt und der überlebende Partner geht völlig leer aus. An Ihre mündlich geäußerten Wünsche ist später niemand gebunden. Wer weiß, ob sich die Kinder später wirklich daran erinnern wollen. Wenn Sie sichergehen wollen, dass dem anderen Partner Hausrat und Auto verbleiben, müssen Sie das unbedingt jeweils in einem Testament regeln. Beachten Sie aber bitte, dass Sie kein gemeinsames Ehegattentestament verfassen können, da Sie nicht miteinander verheiratet sind. Jeder von Ihnen kann in einem Testament dem anderen diese Gegenstände zuwenden.

Was tun, wenn die gesetzliche Erbfolge nicht meinen Wünschen entspricht?

Zunächst sollte jeder darüber nachdenken, wie die gesetzliche Erbfolge im Falle seines Ablebens aussieht. In den meisten Fällen wird man zu dem Schluss kommen, dass die gesetzliche Erbfolge nicht den Vorstellungen des Erblassers entspricht, wie das Erbe eigentlich verteilt werden soll. Ist dies bei Ihnen der Fall, können Sie sich überlegen, ob Sie statt der gesetzlichen Erbfolge lieber ein Testament oder einen Erbvertrag verfassen möchten. Damit können Sie von der gesetzlichen Erbfolge abweichen und das Erbe ganz anders verteilen, als es die gesetzliche Erbfolge vorsieht.

Testament oder Erbvertrag

Um die Erbfolge zu ändern, haben Sie grundsätzlich die Wahl zwischen Testament und Erbvertrag.

Im Normalfall ist einem Testament der Vorzug zu geben. Es lässt sich einfacher und flexibler verfassen und ändern.

Ein Erbvertrag muss vor einem Notar abgeschlossen werden und bindet den künftigen Erblasser weitgehend. Es gibt jedoch einige wenige Fälle, in denen ein Erbvertrag sinnvoll ist. Das ist beispielsweise dann der Fall, wenn es sich um Lebensgefährten handelt, die sich gegenseitig bedenken wollen. Diese können kein gemeinsames Ehegattentestament verfassen, weil sie nicht verheiratet sind. Würden sich beide jeweils in getrennten Einzeltestamenten zum Alleinerben einsetzen, könnte einer von beiden heimlich ohne Wissen des anderen sein Testament ändern. Der andere Partner würde davon nichts erfahren und könnte sich deshalb nicht auf die geänderte Situation einstellen. Schließen beide dagegen einen notariellen Erbvertrag ab, muss der andere Partner zwingend informiert werden, wenn einer der beiden vom Vertrag zurücktritt. Dadurch können die beiden mit einem Erbvertrag eine ähnliche Bindungswirkung wie beim Ehegattentestament erzielen.

ACHTUNG **WICHTIG BEI ERBVERTRAG: RECHTLICHE BERATUNG** ACHTUNG

Da ein Erbvertrag weit reichende Konsequenzen haben kann, sollte man sich vor dessen Abfassung in jedem Fall eingehend rechtlich beraten lassen.

Zuschauerfrage an die Redaktion „Escher. Der MDR-Ratgeber"

Frau W. aus Dresden:

„Ich bin allein stehend, habe eine Tochter und zwei Enkelkinder. Ich will, dass nach meinem Tod einmal alles an meine Tochter geht. Muss ich ein Testament verfassen oder nicht? Kann ich auch dann auf ein Testament verzichten, wenn ich will, dass meine Tochter alles erbt, aber meine beiden Enkel jeweils einen Geldbetrag in Höhe von 3.000 Euro erhalten sollen?“

Zunächst müssen wir uns die gesetzliche Erbfolge anschauen. Wenn Ihnen etwas zustößt, wird Ihre Tochter gesetzliche Alleinerbin. Wenn Sie wollen, dass Ihre Tochter alles allein erbt, müssen Sie kein Testament verfassen, da Ihre Tochter ohnehin gesetzliche Alleinerbin ist.

Möchten Sie hingegen auch Ihre Enkel mit einem Geldbetrag bedenken, so sollten Sie ein Testament verfassen. Nach der gesetzlichen Erbfolge erhält Ihre Tochter alles als Alleinerbin, muss also nichts an die Enkel abgeben. Es ist dann allein die Entscheidung Ihrer Tochter, ob sie den Enkeln etwas von dem Erbe abgeben will. Wenn Ihre Tochter im Erbfall alles für sich behalten möchte, ist sie ohne Testament dazu berechtigt. Wenn Sie eine zusätzliche Regelung zugunsten Ihrer Enkel wirklich wollen, muss dies unbedingt in einem Testament festgehalten werden.

Was kann ich in einem Testament alles regeln?

Im Rahmen dieses Buches können wir nur kurz zusammenfassen, was man in einem Testament alles regeln kann und welche Tücken und Fallstricke beachtet werden müssen. Ausführlicher ist die Problematik mit vielen Fallbeispielen im Buch „Escher. Ihr MDR-Ratgeber: Erben und Vererben“ vom Haufe Verlag, Bestellnummer 07214-0003, dargestellt.

Erbeinsetzung

Zunächst muss in einem Testament klar und eindeutig geregelt sein, welche Person bzw. Personen erben. Sollen mehrere Personen erben, muss eindeutig aus dem Testament hervorgehen, ob diese zu gleichen Teilen oder zu unterschiedlichen Quoten erben sollen.

Denken Sie auch darüber nach, einen Ersatzerben zu bestimmen. Es ist möglich, dass der von Ihnen eingesetzte Erbe vor Ihnen verstirbt oder die Erbschaft nicht haben will und das Erbe ausschlägt. Dann ist es günstig, wenn das Testament vorsieht, welche Person an seiner Stelle nachrücken soll. Lediglich dann, wenn Sie eines Ihrer Kinder als Erben eingesetzt haben, sieht das Gesetz automatisch als Auslegungsregel vor, dass an dessen Stelle die Enkelkinder nachrücken. Sollen aber nicht alle Enkelkinder nachrücken oder handelt es sich bei dem eingesetzten Erben beispielsweise um einen Neffen oder eine familienfremde Person, sollten Sie unbedingt namentlich festlegen, wer an dessen Stelle nachrückt.

Geben Sie die zur Erbfolge vorgesehenen Personen jeweils mit vollständigem Namen, Geburtsdatum und Wohnanschrift an, um Verwechslungen zu vermeiden. Zieht der Erbe später um und ändert seine Anschrift, muss nicht zwangsläufig das Testament geändert werden.

ACHTUNG **NEGATIVE ERBEINSETZUNG** ACHTUNG

Denkbar ist auch eine so genannte „negative Erbeinsetzung". Dabei bleibt es grundsätzlich bei der gesetzlichen Erbfolge. Es wird jedoch eine unliebsame Person unter den gesetzlichen Erben ausdrücklich ausgeschlossen.

Zuschauerfrage an die Redaktion „Escher. Der MDR-Ratgeber"

Herr H. aus Werder:

„Ich bin nicht verheiratet und habe keine Kinder. Meine gesetzlichen Erben sind später einmal meine fünf Geschwister. Es ist eigentlich ganz in Ordnung, dass meine Geschwister erben, aber mein Bruder Eberhard soll auf keinen Fall etwas bekommen, auch seine Kinder nicht. Er hat mich vor Jahren verklagt wegen des Erbes nach dem Tod unseres Vaters. Er hat es einfach nicht verdient, später auch noch von mir zu erben. Wie regle ich das am besten?"

Da Sie eigentlich nur Ihren Bruder Eberhard vom gesetzlichen Erbe ausschließen wollen, reicht es, wenn Sie in einem Testament schreiben: „Mein Bruder Eberhard H. wird von mir mit seinem gesamten Stamm enterbt." Damit bleibt es vom Grundsatz her bei der gesetzlichen Erbfolge. Lediglich Ihr Bruder fällt als Erbe weg. Da Sie zugleich seinen gesamten Stamm enterbt haben, können seine Kinder nicht an seine Stelle als gesetzliche Erben nachrücken.

Vor- und Nacherbfolge

Als Sonderform der Erbeinsetzung ist es möglich, einen Erben zum Vorerben zu bestimmen. Dieser ist dann nur Erbe auf Zeit. Spätestens mit dem Tod des im Testament genannten Vorerben geht der ihm überlassene Nachlass an einen im Testament genannten Nacherben. Das bedeutet, dass die Vorerbschaft beim Vorerben eigentlich nur ein „Durchgangsposten" ist, den dieser später weiterreichen muss.

Dabei können Sie im Testament festlegen, ob der Vorerbe etwas von dem geerbten Gut verbrauchen darf oder ob er es vollständig für den Nacherben bewahren muss. Ein so genannter befreiter Vorerbe kann von allen gesetzlichen Beschränkungen befreit werden. Das bedeutet, dass er mit dem Vorerbe schalten und walten kann, wie er es für richtig hält, jedoch mit zwei Ausnahmen:

- Auch der befreite Vorerbe darf niemals Nachlassgegenstände verschenken, es sei denn, der Nacherbe ist damit ausdrücklich einverstanden.
- Außerdem ist der Vorerbe in jedem Fall verpflichtet, ein Inventarverzeichnis über die geerbten Gegenstände anzufertigen, wenn der Nacherbe das wünscht.

Richtig angewendet, kann die Anordnung einer Vor- und Nacherbfolge sehr sinnvoll sein. Diese Konstruktion bietet sich beispielsweise dann an, wenn ein Ehepaar gemeinsame Kinder hat, darüber hinaus jedoch ein Kind eines Ehepartners aus einer früheren Verbindung existiert, das vom Erbe möglichst wenig erhalten soll. Ein weiteres Anwendungsgebiet sind Testamente von Eltern mit behinderten Kindern.

ACHTUNG **JURISTISCHEN RAT EINHOLEN** ACHTUNG

Da es sich bei der Anordnung der Vor- und Nacherbfolge um eine juristisch schwierige Konstruktion handelt, sollten Sie eine solche Gestaltung nur dann wählen, wenn Sie sich zuvor eingehend juristischen Rat eingeholt haben.

Das Vermächtnis

Der Vermächtnisnehmer wird nicht Erbe, sondern erhält vielmehr einen konkreten Gegenstand oder ein bestimmtes Recht vom Erblasser zugewendet.

Zuschauerfrage an die Redaktion „Escher. Der MDR-Ratgeber"

Frau P. aus Sebnitz:

„Ich bin allein stehend und habe zwei Kinder, die einmal alles erben sollen. Leider wohnen meine Kinder sehr weit weg von mir und können mich jetzt, wo ich krank bin, kaum unterstützen. Ich habe jedoch eine nette Nachbarin, die mir im Alltag viel hilft. Sie kauft für mich ein, hilft mir beim Wäschewaschen und hat mich auch schon öfter zum Arzt gefahren, wenn es mir schlecht ging. In meinem Testament möchte ich meiner Nachbarin gern als kleines Dankeschön für ihre Hilfe das Ölbild mit Blumen zuwenden, das in meinem Wohnzimmer hängt. Wie muss ich das in meinem Testament regeln?"

Sie sollten zunächst im Testament festlegen, dass Ihre beiden Kinder Ihre Alleinerben werden. Ihre Nachbarin wird nicht Erbin. Sie wird vielmehr Vermächtnisnehmerin. Dazu könnten Sie im Testament beispielsweise formulieren: „Meine Nachbarin, Frau Jutta Müller, geb. am 05.10.1965, wohnhaft in Sebnitz, Hauptstraße 1, erhält sofort bei meinem Tode das Ölgemälde des Malers Iberti mit dem Motiv ‚Große Blumenvase', das zurzeit in meinem Wohnzimmer hängt."

Ihre nette Nachbarin hat damit gegen Ihre Kinder als Erben einen Anspruch auf Herausgabe des Ölgemäldes. Außerdem sollten Sie das Ölgemälde so genau bezeichnen, dass es keine Verwechselungen geben kann. Die Bezeichnung „das Ölgemälde" kann zu Missverständnissen führen. Womöglich befindet sich in Ihrem Nachlass noch ein zweites Ölgemälde, und dann ist der Streit groß, welches von beiden gemeint ist.

VORAUSVERMÄCHTNIS

Wollen Sie, dass ein Erbe zusätzlich zu seinem Erbteil ein Vermächtnis erhält, handelt es sich um ein so genanntes Vorausvermächtnis. Sie müssten dann im Testament deutlich machen, dass diese Person den Gegenstand nicht in Anrechnung auf ihren Erbteil erhalten soll, sondern extra und zusätzlich zu ihrem Erbteil.

Anordnung einer Auflage

In Ihrem Testament können Sie eine Auflage anordnen. Mit dieser Auflage geben Sie einem Erben oder Vermächtnisnehmer auf, was er zu tun oder zu unterlassen hat. Hier steht die Handlung des Erben im Vordergrund. Es ist nicht zwingend erforderlich, dass unbedingt eine andere Person einen Vorteil von diesem Handeln haben muss.

So werden beispielsweise häufig Auflagen erteilt, um die Beerdigungsmodalitäten zu regeln. Denkbar ist beispielsweise, dem Erben die Auflage zu erteilen, die Bestattung auf einem genau bestimmten Friedhof zu gestalten und weitere Einzelheiten dazu zu regeln.

BESTATTUNGSMODALITÄTEN IN GESONDERTEM SCHRIFTSTÜCK REGELN

Da ein Testament häufig erst nach der Beisetzung gelesen und eröffnet wird, ist es für Fragen der Bestattung meist schon zu spät. Möchten Sie die Modalitäten Ihrer Bestattung regeln, sollten Sie diesen Willen besser in einem gesonderten Schriftstück kundtun bzw. mit den Angehörigen zu Lebzeiten über Ihre diesbezüglichen Wünsche sprechen.

Es sind für die Auflage jedoch auch andere Anwendungsgebiete denkbar.

Zuschauerfrage an die Redaktion „Escher. Der MDR-Ratgeber"

Herr S. aus München:

„Ich bin ein großer Büchernarr und habe sehr viele Bücher in meiner Wohnung. In meinem Testament habe ich geregelt, dass meine Kinder meine Erben werden. Ich mache mir aber Sorgen, ob sie am Ende womöglich die Hälfte meiner Bücher ins Altpapier geben, weil sie nicht genug Platz dafür haben. Kann ich im Testament regeln, dass keine Bücher weggeworfen werden dürfen?"

Sie sollten Ihren Kindern als Erben die Auflage erteilen, dass die im Nachlass befindlichen Bücher nicht weggeworfen werden dürfen. Gleichzeitig können Sie den Kindern die Auflage erteilen, die von ihnen jeweils nicht benötigten und gewünschten Bücher entweder an interessierte Personen zu verschenken oder aber einer öffentlichen Bibliothek kostenlos zu überlassen.

In der Praxis ist die Durchsetzung einer Auflage nur schwer zu erzwingen. Denkbar wäre, dass Sie zusätzlich einen Testamentsvollstrecker einsetzen, der die Einhaltung der Auflage überwacht. Sie sollten jedoch überlegen, ob das tatsächlich erforderlich ist oder ob Ihre Kinder diese Auflage auch aus moralischen Gründen einhalten werden.

Die Teilungsanordnung

Besteht eine Erbengemeinschaft aus mehreren Personen, kann es Streit geben, welche der drei Töchter beispielsweise Mutters Perlenkette erhalten soll. Wenn Sie als Erblasser wissen, dass es in Ihrem

Nachlass einen Gegenstand gibt, den jeder Erbe gern hätte, kann eine Teilungsanordnung sinnvoll sein. Damit werden nicht die Erbquoten verschoben. Es wird vielmehr einem Erben in Anrechnung auf seinen Erbteil dieser Gegenstand zugewiesen. Eine solche Regelung kann helfen, Streit unter den Miterben zu vermeiden.

Zuschauerfrage an die Redaktion „Escher. Der MDR-Ratgeber"

Frau D. aus Hagen:

„Von meinem Vater habe ich eine Sammlung alter Bierkrüge mit Zinndeckel geerbt. Ich mache mir Sorgen darüber, dass meine drei Kinder sich nach meinem Tod furchtbar um diese Zinnkrüge streiten werden, zumal sie sich bereits jetzt nicht sonderlich gut verstehen. Wie kann ich hier Streit vorbeugen?“

Es ist verständlich, dass Sie nicht möchten, dass Ihre Kinder sich später wegen der Bierkrüge streiten und womöglich vor Gericht gehen. Mit einer Teilungsanordnung können Sie hier vorbeugen. Zunächst einmal sollten Sie klären, ob tatsächlich alle drei Kinder Interesse an den Bierkrügen haben. Möglicherweise sind einem Ihrer Kinder diese Gegenstände nicht so wichtig.

Im nächsten Schritt sollten Sie darüber nachdenken, ob die Sammlung mit den Bierkrügen an eines der Kinder gehen soll oder ob die Krüge aufgeteilt werden. Je nachdem müssten Sie dann exakt in Ihr Testament schreiben, welches Kind die ganze Sammlung bzw. welches Kind welche Bierkrüge im Wege der Teilungsanordnung erhalten soll. Wenn nach den Anordnungen in Ihrem Testament ein Kind diese Antiquitäten erhält, wird es durch diese Teilungsanordnung bei der Verteilung des Erbes nicht reicher als die anderen Kinder. Die Krüge werden bei der Verteilung des Erbes wertmäßig berücksichtigt. Wer also die Sammlung erhält, bekommt beispielsweise vom zu verteilenden Geld entsprechend weniger.

Sofern es die Familienverhältnisse zulassen, kann ein offenes Wort innerhalb der Familie die Situation entschärfen. Versuchen Sie, ob Sie sich mit Ihren drei Kindern gemeinsam an einen Tisch setzen können, um das Problem in der Familie zu besprechen. Vielleicht lässt sich dann gemeinsam eine Lösung finden.

Die Testamentsvollstreckung

Ein Testament enthält oft eine Vielzahl von Regelungen, die eingehalten werden sollen, wenn der Erblasser verstorben ist. Der Erblasser selbst kann dann naturgemäß nicht mehr kontrollieren, ob sich auch alle Beteiligten tatsächlich an das Testament halten und ob alles wirklich nach seinem Willen geschieht.

In manchen Fällen kann es sinnvoll sein, dass der Erblasser einen Testamentsvollstrecker bestimmt. Der Testamentsvollstrecker hat eine ähnliche Stellung wie ein Bevollmächtigter oder Treuhänder des Erblassers. Dabei können Sie im Testament festlegen, ob der Testamentsvollstrecker lediglich die Erbauseinandersetzung zwischen Miterben vornimmt oder die Erfüllung von Vermächtnissen und Auflagen überwacht bzw. ob der Testamentsvollstrecker über einen längeren Zeitraum den Erbteil eines Miterben verwaltet.

Die Testamentsvollstreckung kann dann sinnvoll sein, wenn Sie befürchten, dass sich Ihre Erben bei der Auseinandersetzung um jeden Preis streiten wollen. Wichtig ist sie auch dann, wenn ein Miterbe vor sich selbst oder vor anderen Personen geschützt werden muss.

Wann kommt eine Dauervollstreckung infrage?

Der Testamentsvollstrecker wird jeweils die ihm im Testament übertragenen Aufgaben ausführen. Gehört es zur Aufgabe des Testamentsvollstreckers, einen Erbteil oder ein Vermächtnis über einen längeren Zeitraum zu verwalten, ist die Arbeit für den Testamentsvollstrecker deutlich aufwändiger. Eine solche Verwaltungs- oder Dauervollstreckung kann dann infrage kommen, wenn ein Erbe oder Vermächtnisnehmer noch minderjährig ist, wenn er geschäftlich unerfahren bzw. leichtsinnig ist oder aber, wenn er aufgrund einer geistigen oder seelischen Behinderung nicht zur Verwaltung seines Erbteils in der Lage ist.

Erbt beispielsweise ein Minderjähriger einen größeren Geldbetrag oder einen wertvollen Gegenstand, könnten die Eltern als Testamentsvollstrecker bestimmt werden, die das Geld für das Kind verwalten. Dabei kann die Testamentsvollstreckung auch über die Volljährigkeit hinaus andauern, beispielsweise bis der Minderjährige 21 Jahre alt geworden ist. Je nach Einschätzung des Erblassers kann die Testamentsvollstreckung auch zu einem späteren Zeitpunkt enden. Das hat den Vorteil, dass der Minderjährige an seinem 18. Geburtstag nicht leichtfertig über das Geerbte verfügen kann. Sie können Ihrem Testamentsvollstrecker im Testament vorgeben, wie das Vermögen zu verwalten und ggf. auszugeben ist. Beispielsweise können Sie es in das freie Ermessen des Testamentsvollstreckers stellen, ob dem Minderjährigen Gelder für seine Ausbildung zur Verfügung zu stellen sind.

Zuschauerfrage an die Redaktion „Escher. Der MDR-Ratgeber"

Frau G. aus Tübingen:

„Ich habe zwei Kinder, die später einmal alles erben sollen. Mein Sohn ist verheiratet, hat drei Kinder und lebt in geordneten Verhältnissen. Meine Tochter dagegen macht mir große Sorgen. Sie ist 42 Jahre alt, dreimal geschieden und hat keine Kinder. Sie gibt ihr gesamtes Einkommen stets für unsinnige Einkäufe aus. Sie hat zwar keine Schulden, aber ihr zerrinnt das Geld buchstäblich zwischen den Fingern. Sobald sie auch nur über ein bisschen Geld verfügt, kauft sie Dinge, die sie eigentlich gar nicht braucht. Ich habe sie mehrfach darauf angesprochen. Sie weiß, dass sie in Gelddingen ein Problem hat, schafft es aber nicht, sich zu ändern. Beide Kinder verstehen sich gut. Wie kann ich verhindern, dass meine Tochter das von mir geerbte Geld unnütz ausgibt?"

Es bietet sich an, dass Sie den hälftigen Erbteil Ihrer Tochter im Testament unter Testamentsvollstreckung als Dauervollstreckung stellen. Da sich Ihre beiden Kinder gut verstehen, sollten Sie Ihren Sohn fragen, ob er möglicherweise bereit ist, das Amt des Testamentsvollstreckers zu übernehmen. Weiterhin müssten Sie sich überlegen, ob Sie es in das Ermessen des Testamentsvollstreckers stellen wollen, welche Beträge er Ihrer Tochter für Urlaubsreisen oder Zuzahlungen zu medizinischen Behandlungen oder ähnliche Dinge bewilligt, wie beispielsweise eine teure Brille oder hochwertigen Zahnersatz. Denkbar wäre auch, dass Sie den Testamentsvollstrecker anweisen, Ihrer Tochter jeweils einen monatlichen Betrag zur Verfügung zu stellen, bis der Erbteil aufgebraucht ist.

Sie sollten gut überlegen, welche Person Sie zum Testamentsvollstrecker bestimmen. Es sollte eine Person sein, der Sie in jedem Fall voll vertrauen, vor allem in Geldangelegenheiten. Es ist wichtig, den künftigen Testamentsvollstrecker zu fragen, ob er überhaupt bereit ist, dieses Amt anzunehmen. Niemand kann durch ein Testament gezwungen werden, eine Testamentsvollstreckung zu übernehmen, wenn er das nicht will. Es ist nicht sinnvoll, eine Person zum Testamentsvollstrecker zu bestimmen, die von vornherein sagt, dass sie sich dieser Aufgabe nicht gewachsen fühlt.

Sinnvoll kann zusätzlich die Ernennung eines Ersatztestamentsvollstreckers sein. Der ursprünglich ernannte Testamentsvollstrecker kann im Ernstfall verhindert sein. Denkbar ist, dass er erkrankt oder es sich anders überlegt und er entgegen seiner ursprünglichen Zusage das Amt doch nicht übernehmen will. Der Ersatztestamentsvollstrecker rückt in solchen Fällen nach.

Sollte im Freundes- oder Bekanntenkreis keine geeignete Person als Testamentsvollstrecker zur Verfügung stehen, können Sie im Testament auch aufnehmen, dass das zuständige Nachlassgericht darum gebeten wird, später im Sterbefall einen geeigneten Testamentsvollstrecker zu ernennen.

Soll ein geistig behindertes Kind einen Erbteil erhalten, müssen wir davon ausgehen, dass dieses Kind zeit seines Lebens der Hilfe und Unterstützung eines Testamentsvollstreckers bedarf. Einerseits ist das geistig behinderte Kind nicht in der Lage, das Vermögen zu verwalten. Andererseits soll das Vermögen auch vor dem Zugriff des Sozialhilfeträgers geschützt werden, damit die Erträge aus dem Vermögen ausschließlich dem Behinderten zufließen können. Da Testamente zugunsten von Behinderten eine komplizierte Gestaltung darstellen, sollten Sie in einem solchen Fall ohnehin den Rat eines im Erbrecht erfahrenen Juristen einholen.

Der Pflichtteil – eine böse Falle

Wer ein Testament verfassen will, muss immer beachten, ob es möglicherweise Pflichtteilsberechtigte gibt, die die gedachte Nachfolgeplanung durcheinander bringen können. Man sollte darauf vorbereitet sein und wissen, wie hoch deren Ansprüche sind.

Zum Kreis der pflichtteilsberechtigten Personen gehören in jedem Fall immer Abkömmlinge und der Ehegatte. Wenn keine Kinder vorhanden sind, können unter Umständen auch Eltern pflichtteilsberechtigt sein. Geschwister, Neffen und Nichten sind nicht pflichtteilsberechtigt. Diese Personen können nichts vom Nachlass fordern, wenn sie enterbt sind.

Der Pflichtteilsberechtigte kann immer dann seinen Pflichtteil fordern, wenn er mit einem Testament enterbt wurde oder weniger erbt als seine Pflichtteilsquote ausmacht. Es handelt sich damit um eine Art „Mindesterbrecht", das diesem Personenkreis vom Nachlass bleiben muss, wenn sie enterbt wurden. Hat ein Erblasser beispielsweise kein Testament hinterlassen, so tritt die gesetzliche Erbfolge ein, wonach seine beiden Kinder erben. Hat er dagegen ein Testament verfasst und die Kinder enterbt, sind diese pflichtteilsberechtigt. Sollen die Kinder laut Testament nur einen winzigen Bruchteil vom Erbe erhalten, können sie den Differenzbetrag einfordern, der ihnen an ihrem Pflichtteil fehlt.

Der Pflichtteilsanspruch ist halb so groß wie der gesetzliche Erbteil der betroffenen Person. Es muss also jeweils im Einzelfall geprüft werden, wie hoch der gesetzliche Erbanspruch des Pflichtteilsberechtigten gewesen wäre, wenn es kein Testament gegeben hätte. Von dem so errechneten gesetzlichen Erbteil ist dann die Hälfte die Pflichtteilsquote des Betroffenen.

Zuschauerfrage an die Redaktion „Escher. Der MDR-Ratgeber"

Herr N. aus Hoyerswerda:

„Ich bin verwitwet und habe zwei Kinder. Da mein Sohn sich schon seit 30 Jahren nicht mehr bei mir hat blicken lassen, möchte ich, dass meine Tochter alles erbt. In meinem Testament will ich regeln, dass sie meine Alleinerbin wird. Wie hoch ist der Pflichtteilsanspruch meines Sohnes?"

Mit einem Testament können Sie Ihre Tochter zur Alleinerbin bestimmen. Ihr Sohn ist damit enterbt. Hätten Sie kein Testament verfasst, hätten beide Kinder je zur Hälfte geerbt. Der Pflichtteilsanspruch Ihres Sohnes ist halb so groß wie sein gesetzlicher Erbteil, also ein Viertel des Erbes.

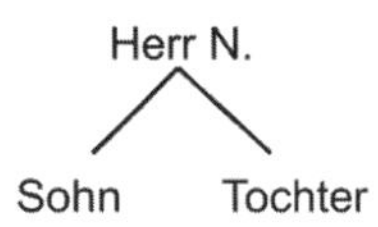

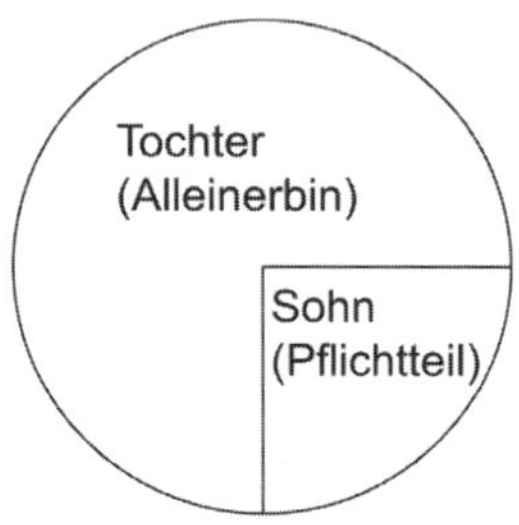

Der Pflichtteilsanspruch ist immer ein Geldanspruch. Das bedeutet, dass der Pflichtteilsberechtigte niemals Gegenstände fordern kann. Andererseits ist es aber das Problem des Erben, woher er das Geld zur Auszahlung nimmt. Das kann im Einzelfall zu Härten führen, wenn beispielsweise der Pflichtteil eines Kindes vom überlebenden Ehegatten gefordert wird und das Vermögen im Wesentlichen aus dem selbst bewohnten Einfamilienhaus besteht. Ist kein Geldvermögen vorhanden, muss der Erbe Geld zur Auszahlung beschaffen oder schlimmstenfalls das Haus beleihen. Die in § 2331a BGB vorgesehene Regelung zur Stundung von Pflichtteilsansprüchen soll verhindern, dass jemand in Notfällen beispielsweise gezwungen ist, das Haus zu verkaufen.

Zuschauerfrage an die Redaktion „Escher. Der MDR-Ratgeber"

Frau K. aus Offenbach:

„Ich bin verheiratet. Wir haben keinen Ehevertrag. Wir haben gemeinsam zwei Kinder. Mit einem Berliner Testament haben wir uns gegenseitig zu Alleinerben eingesetzt, wenn einer von uns verstirbt. Damit wollen wir uns gegenseitig absichern. Unsere Kinder sollen zwar am Ende einmal alles erben, aber jetzt habe ich gehört, dass die Kinder auch beim Tod des Erstversterbenden von uns bereits den Pflichtteil verlangen können. Eigentlich haben wir die Kinder doch nicht enterbt. Wieso erhalten sie einen Pflichtteil und wie hoch ist dieser jeweils für die Kinder?“

Ohne Testament würden bei Zugewinngemeinschaft der überlebende Ehegatte die Hälfte und die beiden Kinder jeweils ein Viertel vom Erbe erhalten. Mit Ihrem Berliner Testament haben Sie den überlebenden Ehegatten zum Alleinerben bestimmt. Auch wenn am Ende die Kinder einmal alles erben sollen, bedeutet dies doch eine Enterbung der Kinder im ersten Sterbefall, obwohl das nicht böse gemeint ist. Das berechtigt jedoch die Kinder, Pflichtteilsansprüche bereits nach dem erstversterbenden Elternteil geltend zu machen. Da der gesetzliche Erbteil für jedes Kind ein Viertel betragen hätte, ist der Pflichtteil halb so groß und beträgt damit für jedes Kind ein Achtel.

Diesen Pflichtteil erhalten Ihre Kinder allerdings nur dann, wenn sie ihn einfordern. Bei guten Familienverhältnissen, wenn die Kinder sicher sind, dass sie am Ende tatsächlich erben werden, wird der Pflichtteil häufig nicht geltend gemacht. Mit geeigneten Testamentsgestaltungen kann man es außerdem für die Kinder bis zu einem gewissen Grad unlukrativ machen, den Pflichtteil zu fordern. Lassen Sie sich bei der Testamentsgestaltung juristisch beraten.

Zuschauerfrage an die Redaktion „Escher. Der MDR-Ratgeber"

Herr E. aus Leipzig:

„Ich bin verheiratet und habe mit meiner Frau zwei Kinder. In einem Notarvertrag haben wir Gütertrennung festgelegt. Mit unserem Testament setzen wir uns gegenseitig zu Alleinerben ein. In welcher Höhe könnten die Kinder den Pflichtteil fordern, wenn einer von uns verstirbt?“

Nach der gesetzlichen Erbfolge erben bei Gütertrennung der Ehegatte und die beiden Kinder jeweils gleichberechtigt, sodass jeder einen gesetzlichen Erbteil von einem Drittel erhält. Das bedeutet, dass für jedes Kind die Pflichtteilsquote ein Sechstel beträgt.

Zuschauerfrage an die Redaktion „Escher. Der MDR-Ratgeber"

Frau S. aus Gütersloh:

„Vor einem halben Jahr ist mein Mann verstorben. Wir hatten keinen Ehevertrag abgeschlossen. Aus unserer Ehe stammt unsere gemeinsame Tochter Karin. Ich habe eine weitere Tochter, Anja, mit in die Ehe gebracht. Außerdem hatte mein Mann einen außerehelichen Sohn. Da wir ein Berliner Testament verfasst hatten, habe ich allein geerbt. Schließlich wollten wir erreichen, dass der Überlebende von uns so gut wie möglich abgesichert ist. Unsere gemeinsame Tochter Karin hat mir bereits schriftlich mitgeteilt, dass sie keinesfalls ihren Pflichtteil geltend macht und jetzt kein Geld haben will. Meine Tochter Anja und der außereheliche Sohn meines Mannes haben jedoch bei mir Ansprüche angemeldet. Wer von beiden kann wie viel von mir fordern?"

Zunächst müssen wir uns die gesetzliche Erbfolge anschauen. Danach hätten Sie ohne Testament die Hälfte geerbt, da Sie im gesetzlichen Güterstand gelebt haben. Die andere Hälfte hätten sich ohne Testament die gemeinsame Tochter Karin und der nichteheliche Sohn Ihres Mannes geteilt, sodass jedes dieser beiden Kinder ein Viertel erhalten hätte. Die Tochter Anja ist von Ihnen mit in die Ehe gebracht worden und damit nicht blutsverwandt mit Ihrem Mann. Aus diesem Grunde ist sie keine gesetzliche Erbin Ihres Mannes. Das bedeutet, dass sie nach ihm auch kein Pflichtteilsrecht hat. Sie erhält nichts aus dem Nachlass.

Anders sieht es bei dem nichtehelichen Sohn Ihres Mannes aus. Da er eine gesetzliche Erbquote von einem Viertel gehabt hätte, beträgt seine Pflichtteilsquote ein Achtel. Diesen Anteil vom Nettonachlass kann er tatsächlich von Ihnen fordern.

Zuschauerfrage an die Redaktion „Escher. Der MDR-Ratgeber"

Frau M. aus Halle:

„Vor fünf Jahren ist mein Mann verstorben. Sein Sohn aus der ersten Ehe ist durch unser Testament enterbt und pflichtteilsberechtigt. Er war damals mit mir kurz nach dem Tod meines Mannes beim Nachlassgericht zur Testamentseröffnung und hat dort erfahren, dass ich Alleinerbin bin. Bis vor einer Woche hat er sich seitdem nicht wieder bei mir gemeldet. Jetzt schreibt er mir, er habe es sich überlegt. Weil er jetzt Geld braucht, will er seinen Pflichtteil geltend machen und hat mit einer Klage gedroht. Ist er dazu berechtigt?"

Grundsätzlich ist er als enterbter Sohn zwar pflichtteilsberechtigt, aber sein Anspruch ist in Ihrem konkreten Fall bereits verjährt. Der Pflichtteilsanspruch verjährt innerhalb von drei Jahren. Diese Frist beginnt dann zu laufen, wenn der Sohn Kenntnis vom Tod des Vaters hat und wenn er den Inhalt des Testaments kennt, das ihn enterbt. Da das Testament kurz nach dem Tod Ihres Mannes eröffnet wurde und der Sohn mit anwesend war, hat er also vor knapp vier Jahren Kenntnis davon erhalten, dass er enterbt wurde. Er hat es sich zu spät überlegt, den Pflichtteil geltend zu machen. Sie können sich gelassen zurücklehnen und müssen nichts zahlen. Die Erbrechtsreform ändert ab dem 01.01.2010 die Verjährungsfristen etwas ab. Dann beginnt die Verjährungsfrist erst mit dem Ende des Jahres zu laufen, in dem der Pflichtteilsberechtigte vom Tod und seiner Enterbung Kenntnis erlangt.

Pflichtteilsergänzungsansprüche

Häufig erleben Erben oder Beschenkte eine böse Überraschung, weil der Pflichtteilsberechtigte nicht nur vom am Todestag vorhandenen Nachlass seinen Anteil fordert, sondern vielmehr auch von Geschenken, die der Erblasser zu einem früheren Zeitpunkt an andere Personen verteilt hat. Dabei werden Geschenke an Dritte innerhalb einer Frist von zehn Jahren – rückgerechnet auf den Todeszeitpunkt des Erblassers –einbezogen. Geschenke, die der Erblasser seinem Ehegatten gemacht hat, werden ohne zeitliche Begrenzung eingerechnet.

Das bedeutet jedoch nicht, dass die Schenkung selbst rückgängig gemacht wird. Ein verschenktes Grundstück muss nicht etwa zurückgegeben werden. Der Nachlass wird in solchen Fällen jedoch wertmäßig so behandelt, als ob das verschenkte Vermögen noch vorhanden wäre. Der Wert des Geschenks wird zum Nachlass addiert und von diesem fiktiven Nachlass ausgehend wird die Pflichtteilsquote berechnet. Die Erbrechtsreform, die am 01.01.2010 in Kraft tritt, führt dabei eine wichtige Änderung ein. Es wird für die Berechnung des Wertes des Geschenkes eine so genannte „gleitende Zehnjahresfrist" eingeführt. Das bedeutet, dass für jedes Jahr, das seit der Schenkung vergangen ist, ein Anteil von 10 Prozent vom Wert des Geschenkes aus der Pflichtteilsberechnung herausfällt. Verstirbt beispielsweise der Schenker drei Jahre nach der Schenkung, wird vom Wert des Geschenkes nur noch ein Anteil von 70 Prozent berücksichtigt, da für die drei bereits vergangenen Jahre ein Anteil von 30 Prozent vom Wert des Geschenkes nicht mehr berücksichtigt wird. Diese neue Berechnungsmethode wird dem Erblasser und dem Beschenkten den Umgang mit dem Pflichtteil erleichtern. Die Reform gilt dann für Erbfälle, die ab dem 01.01.2010 eintreten, auch wenn die Schenkung in der Zeit vor der Reform liegt.

Bei der Berechnung von Pflichtteilsergänzungsansprüchen werden die in der Familie üblichen Pflicht- und Anstandsschenkungen wie beispielsweise kleine Geschenke zu Weihnachten, zum Geburtstag oder zum Hochzeitstag nicht berücksichtigt.

Bei Grundstücken ist zu beachten, dass die genannte Zehnjahresfrist erst dann beginnt, wenn die Eintragung des neuen Eigentümers im Grundbuch vorgenommen wurde. Dieser Tag liegt meistens einige Monate nach dem eigentlichen Notarvertrag, den die Beteiligten abgeschlossen haben.

Zuschauerfrage an die Redaktion „Escher. Der MDR-Ratgeber"

Frau G. aus Gera:

„Meine Mutter ist vor einem Jahr verstorben. Ich habe eine Schwester. Unser Vater ist schon vor langer Zeit verstorben. Da wir Streit in der Familie hatten, haben mich meine Eltern enterbt, sodass jetzt meine Schwester von unserer Mutter alles geerbt hat. Ich bin pflichtteilsberechtigt auf eine Quote von einem Viertel. Das Geld aus dem Nachlass hat aber gerade ausgereicht, um die Beerdigung zu bezahlen. Wie ich erst jetzt erfahren habe, hat meine Mutter vor zwei Jahren meiner Schwester ihr Grundstück mit einem Dreifamilienhaus geschenkt. Gehe ich jetzt leer aus?"

Nein, Sie haben neben Ihren Pflichtteilsansprüchen auch Pflichtteilsergänzungsansprüche. Diese beziehen Geschenke Ihrer Mutter aus den letzten zehn Jahren mit in den Nachlass ein. Da die Schenkung des Grundstücks erst vor zwei Jahren erfolgte, ist dessen Wert zu berücksichtigen. Dabei wird der Wert des Geschenks sozusagen dem Nachlass wertmäßig wieder hinzugefügt, auch wenn die Schenkung als solche nicht rückgängig gemacht wird. Der Nachlass wird also wertmäßig so behandelt, als ob das Grundstück noch im Nachlass vorhanden wäre.

War das Grundstück beispielsweise 200.000 Euro wert, wird dieser Betrag so behandelt, als wäre er noch im Nachlass vorhanden. Da der Nachlass wertlos war, stehen damit keine sonstigen zusätzlichen Beträge zur Debatte, sondern der fiktive Nachlass besteht nur aus diesen 200.000 Euro. Sie haben auf dieses Geschenk einen Geldanspruch in Höhe Ihrer Pflichtteilsquote von einem Viertel, also auf einen Betrag in Höhe von 50.000 Euro. Diesen Betrag können Sie von Ihrer Schwester fordern und notfalls auch gerichtlich einklagen. Bei einem Sterbefall nach dem 01.01.2010 würde man bei der Berechnung nur 80 Prozent vom Wert des Grundstückes in die Berechnung einfließen lassen, wenn die Schenkung zwei Jahre zuvor erfolgte. Dann wäre in diesem Fall nur ein Wert von

160.000 Euro für den Wert des Geschenkes zu veranschlagen. Davon ein Viertel für den Pflichtteil ergäbe einen Anspruch von 40.000 Euro.

Bei Grundstücken ist jedoch zu beachten, dass diese nach dem Niederstwertprinzip bewertet werden. Dabei vergleicht man zwei Bewertungsstichtage:

- Wert zum Zeitpunkt der Schenkung oder
- Wert zum Todestag.

Der niedrigere von beiden ermittelten Werten ist dann als Wert des Geschenks für die Pflichtteilsergänzungsansprüche maßgeblich. Sollte das beschenkte Kind in der Zwischenzeit aus eigenen Mitteln Sanierungsmaßnahmen am Haus durchgeführt haben, werden diese nicht berücksichtigt. In der Praxis wird man in solchen Fällen eine Grundstücksbewertung durch einen Grundstückssachverständigen vornehmen lassen. Der Gutachter ermittelt, an welchem der beiden Stichtage das Grundstück weniger wert war.

Beachten Sie jedoch auch, ob für ein Geschenk Gegenleistungen vereinbart wurden. Dann kann es sich um eine so genannte gemischte Schenkung handeln. Wurde beispielsweise im Grundstücksschenkungsvertrag vereinbart, dass sich das beschenkte Kind um den schenkenden Elternteil kümmern und diesen mit versorgen oder pflegen muss, mindert diese Gegenleistung den Wert des Geschenks. Dann wird aufgeteilt, in welchem Umfang die Gegenleistung erfolgt und welcher Anteil geschenkt wurde. Für die Berechnung des Pflichtteilsergänzungsanspruchs wird jeweils nur der Wert berücksichtigt, der tatsächlich geschenkt wurde.

Wenn bei der Testamentsgestaltung Pflichtteils- bzw. Pflichtteilsergänzungsansprüche eine Rolle spielen, muss die Vermögensnachfolge gut durchdacht werden. Gegebenenfalls sollten Sie sich dazu kompetenten juristischen Rat einholen.

Wie verfasse ich ein Testament?

Wenn Sie ein Testament abfassen möchten, müssen Sie sich zunächst einmal vergegenwärtigen, welche Vermögenswerte vorhanden sind und welche Personen gegebenenfalls Pflichtteilsansprüche geltend machen können und wollen.

Im nächsten Schritt müssen Sie überlegen, welche Art von Testament Sie verfassen wollen:

- ein notarielles Testament oder ein
- handschriftliches Testament.

Wenn Sie sich zu einem notariellen Testament entschließen, wird später kein Erbschein benötigt. Hier genügt es, wenn das Nachlassgericht das Testament eröffnet und diese Eröffnung in einem Protokoll bestätigt. Die Kosten für den Notar sind in etwa so hoch wie die Kosten für den Erbschein. Die Notarkosten hängen vom Wert des Nachlasses ab. Einen Notar in Ihrer Nähe können Sie sich über die zuständige Notarkammer empfehlen lassen (www.bundesnotarkammer.de).

Wenn Sie ein handschriftliches (privatschriftliches) Testament verfassen wollen, benötigen Sie keinen Notar. Zu beachten ist, dass Sie das Testament von Anfang bis Ende mit der Hand schreiben und unterschreiben müssen. Ein Datum ist nicht zwingend erforderlich, jedoch sinnvoll und empfehlenswert.

Bei übersichtlichen Familien- und Vermögensverhältnissen ist es in vielen Fällen problemlos möglich, ein handschriftliches Testament allein und ohne fremde Hilfe zu verfassen. Sind allerdings die Familien- oder Vermögensverhältnisse etwas schwieriger, sollten Sie sich von einem im Erbrecht erfahrenen Juristen bei der Abfassung und Formulierung des Testaments helfen lassen.

ACHTUNG

MUSTER GUT ÜBERPRÜFEN UND INDIVIDUELL ANPASSEN

Auch wenn diesem Buch einige einfache Varianten von Testamentsmustern beigefügt sind, sollten Sie keinesfalls blind ein Muster abschreiben. Es muss unbedingt geprüft werden, ob das entsprechende Muster überhaupt für Ihre Familien- und Vermögensverhältnisse geeignet ist.

Bei der Suche nach einem im Erbrecht versierten Anwalt bzw. Fachanwalt sollten Sie Empfehlungen von Bekannten und Freunden in Erwägung ziehen.

MUSTER

EINEN GEEIGNETEN ANWALT FINDEN

Die jeweiligen Anwaltskammern der Länder oder die Anwaltsauskunft des Deutschen Anwaltvereins können Sie ggf. auch bei der Suche nach einem Anwalt unterstützen (www.anwaltverein.de oder www.brak.de).

Wo bewahre ich das Testament am besten auf?

Überlegen Sie bei einem handschriftlichen Testament sorgsam, wo Sie es aufbewahren. Erscheint Ihnen die Aufbewahrung zu Hause nicht sicher genug, sollten Sie das Testament bei der Hinterlegungsstelle des Nachlassgerichts an Ihrem Wohnort hinterlegen. Im Zweifelsfall ist das Testament dort am sichersten aufgehoben.

Dazu ist es erforderlich, dass Sie eine Kopie Ihrer Geburts- oder Eheurkunde bei der Hinterlegung mitbringen. Weiterhin müssen Sie eine Angabe zur ungefähren Höhe Ihres gegenwärtigen Vermögens machen. Bei einem Ehegattentestament müssen entweder beide Ehegatten zum Nachlassgericht gehen oder der andere Ehegatte muss eine Vollmacht zur Abgabe des Testaments vorweisen. Für die Verwahrung bei der Hinterlegungsstelle müssen Sie eine kleine einmalige Gebühr bezahlen, die von der Höhe des Vermögens abhängt. Für ein Vermögen von 50.000 Euro muss beispielsweise (nach der Kostenordnung) eine einmalige Verwahrgebühr von 33 Euro bezahlt werden.

Wenn Sie Ihr Testament bei der Hinterlegungsstelle abgeben, erhalten Sie dafür einen Hinterlegungsschein, den Sie zu Hause bei den wichtigen Unterlagen aufheben sollten. Darin wird bestätigt, dass das Testament unter einer bestimmten Verwahrbuch-Nummer beim Nachlassgericht registriert und hinterlegt ist.

Auch falls Ihre Angehörigen diesen Hinterlegungsschein später nicht finden oder davon ausgehen, dass es kein hinterlegtes Testament gibt, wird das beim Nachlassgericht hinterlegte Testament aufgefunden. Dafür sorgt ein entsprechendes Meldesystem. Wenn eine Person verstirbt, wird eine Sterbeurkunde ausgestellt. Dasjenige Standesamt, das die Sterbeurkunde ausstellt, muss zugleich auch das Geburtsstandesamt des Erblassers benachrichtigen. Beim Geburtsstandesamt jedoch hat das Nachlassgericht eine Meldung abgegeben, dass es für den Erblasser ein Testament verwahrt. Erfährt nun das Geburtsstandesamt vom Ableben des Erblassers, wird es unverzüglich das Nachlassgericht davon informieren, damit das Testament eröffnet werden kann.

Welche formalen Anforderungen und Voraussetzungen müssen erfüllt sein?

Ganz wichtig ist, dass Sie Ihr handschriftliches Testament wirklich mit der Hand schreiben, und zwar den gesamten Text! Es reicht nicht aus, einen Computerausdruck des Testaments oder ein mit der Schreibmaschine gefertigtes Testament lediglich zu unterschreiben. Ein solches Testament wäre nicht gültig.

Wichtig ist außerdem, dass Sie das Testament eigenhändig unterschreiben. Bei Ehegatten sollte derjenige den Text schreiben, der die leserlichere Handschrift von beiden hat. Unterschreiben müssen dann beide.

Sinnvoll ist auch, das Datum anzugeben. Das ist zwar keine zwingende Formvorschrift, aber dringend empfehlenswert, wenn es mehrere Testamente gibt, die sich gegenseitig widersprechen. Tragen diese kein Datum, ist die große Frage, welches Testament nun das eigentlich letzte und damit gültige sein soll.

Testierfähigkeit

Weiterhin müssen Sie, wenn Sie ein Testament verfassen wollen, testierfähig sein. Das bedeutet, dass Sie mindestens 16 Jahre alt sein müssen. Zwischen dem 16. und 18. Lebensjahr darf eine Person kein handschriftliches, sondern nur ein notarielles Testament verfassen, was in der Praxis jedoch äußerst selten vorkommt. Im Normalfall besitzen 16-Jährige kein Vermögen, das ein Testament erforderlich macht. Testierunfähig ist, wer unter 16 Jahre alt ist oder wegen einer krankhaften Störung der Geistestätigkeit, wegen einer Geistesschwäche oder aufgrund von Bewusstseinsstörungen nicht in der Lage ist, seine Willenserklärungen zu überschauen und deren Folgen abzusehen.

Schwierig ist in der Praxis häufig die Beurteilung von Fragen der Testierfähigkeit, wenn der Erblasser sein Testament im fortgeschrittenen Alter verfasst hat und infolge einer Erkrankung an einer Altersdemenz fraglich ist, ob er noch testierfähig ist.

ACHTUNG

TESTIERFÄHIGKEIT BESTÄTIGEN LASSEN

Wenn Sie damit rechnen müssen, dass Ihre Erben nach Ihrem Ableben darüber streiten, ob Sie noch testierfähig waren, können Sie sich von Ihrem Hausarzt oder einem Neurologen bzw. Psychiater am Tag der Testamentserrichtung bestätigen lassen, dass der Arzt von einer vollständigen Testierfähigkeit ausgeht.

CHECK

CHECKLISTE: TESTAMENTSGESTALTUNG

Überprüfen Sie diese Punkte bei der Testamentsgestaltung:		Bemerkungen:
Sind Sie testierfähig?	Ja ☐ Nein ☐	
Haben Sie das gesamte Testament vollständig eigenhändig geschrieben?	Ja ☐ Nein ☐	
Haben Sie eigenhändig mit vollem Namen unterschrieben?	Ja ☐ Nein ☐	
Haben Sie das Datum angegeben?	Ja ☐ Nein ☐	

Haben Sie die Erben korrekt bezeichnet?	Ja ☐ Nein ☐	________
Haben Sie gegebenenfalls an die Einsetzung von Ersatzerben gedacht?	Ja ☐ Nein ☐	________
Haben Sie bedacht, wie sich Pflichtteilsrechte auswirken?	Ja ☐ Nein ☐	________
Haben Sie Gegenstände oder Rechte für ein Vermächtnis korrekt und unverwechselbar bezeichnet?	Ja ☐ Nein ☐	________
Haben Sie bedacht, wo Sie das Testament verwahren?	Ja ☐ Nein ☐	________

Welche Inhalte soll das Testament haben?

Es sei an dieser Stelle nochmals wiederholt: Bitte verwenden Sie niemals ohne eingehende Prüfung oder Beratung Mustertestamente! Mustertestamente können Ihnen wichtige Anregungen geben. Sie müssen jedoch genau prüfen, ob die Inhalte überhaupt auf Ihre Familienverhältnisse passen und Ihren Zielen entsprechen. Außerdem ist nicht jedes Testament für jede Vermögenshöhe beliebig zu verwenden.

In diesem Buch wollen wir nur kurz zwei einfache Testamente vorstellen, die in der Praxis häufig verwendet werden. Die Möglichkeiten und Varianten der denkbaren Gestaltungsmittel in einem Testament sind jedoch wesentlich vielfältiger. Das würde aber den Rahmen dieses Buches sprengen. Ausführlicher ist diese Problematik in dem Buch „Escher. Ihr MDR-Ratgeber: Erben und Vererben" vom Haufe-Verlag, Bestellnummer 07214-0003, dargestellt.

Im Rahmen dieses Buches wollen wir uns mit zwei einfach gelagerten Fällen befassen:

- Einzeltestament
- Ehegattentestament in der Form des Berliner Testaments

Das Einzeltestament

Beispielsfall

Herta Stein ist allein stehend. Sie hat einen Sohn Jörg und einen noch minderjährigen Enkel Johannes. Sie besitzt ein mittleres Vermögen und möchte, dass ihr Sohn einmal alles erbt. Ihr Enkel Johannes soll ein Geldvermächtnis in Höhe von 5.000 Euro erhalten.

Frau Stein macht sich jedoch Sorgen darüber, dass der Enkel – wenn er volljährig ist – das Geld vielleicht unüberlegt ausgibt. Keinesfalls soll er ihr mühevoll gespartes Geld verprassen. Es ist für seine Ausbildung oder als Starthilfe für einen eigenen Hausstand gedacht. Sie ist der Meinung, dass er mit 21 Jahren so vernünftig sein wird, dass er über das Geld frei verfügen darf. Frau Stein möchte gern, dass ihr Sohn Jörg das Geld aus dem Vermächtnis für den Enkel verwaltet. Sie geht davon aus, dass er in Geldangelegenheiten absolut verlässlich ist. Aus diesem Grunde möchte sie ihn zum Testamentsvollstrecker bestimmen. Er soll dafür keine Vergütung erhalten, da Frau Stein der Meinung ist, dass innerhalb der Familie ein solches Amt nicht mit einer Bezahlung verbunden werden sollte. Ihr Sohn Jörg hat bereits geäußert, dass er dieses Amt später übernehmen würde.

Lösung

In ihrem Testament müsste Frau Stein zunächst einmal regeln, dass ihr Sohn Jörg ihr Alleinerbe wird. Gleichzeitig ordnet sie an, dass der Enkel Johannes ein sofort anfallendes Geldvermächtnis erhält. Dieses steht unter Testamentsvollstreckung, welche bis zum 21. Lebensjahr andauern soll. Ab diesem Zeitpunkt fällt die Testamentsvollstreckung automatisch weg. Johannes kann dann allein und frei über das Geld verfügen.

Da das Geld für die Ausbildung gedacht ist, sollte der Testamentsvollstrecker die Möglichkeit haben, bereits vor Vollendung des 21. Lebensjahres von Johannes Gelder für die Ausbildung zu bewilligen. Denkbar wäre beispielsweise, dass der Enkel in den Ferien eine Sprachreise unternehmen darf oder ihm ein Computerkurs finanziert wird. Zu solchen Ausgaben sollte der Testamentsvollstrecker im Testament ausdrücklich befugt sein. Da in der Familie Vertrauen besteht, kann die konkrete Ausgestaltung solcher Ausbildungsmaßnahmen in das Ermessen des Testamentsvollstreckers gestellt werden.

Die Frage der Vergütung für den Testamentsvollstrecker sollte unbedingt im Testament geregelt werden, damit es später nicht zu Missverständnissen zwischen Jörg und Johannes kommt. Ist keine Regelung dafür vorgesehen, gilt die gesetzliche Regelung, die von einer „angemessenen Vergütung" spricht. In der Regel werden ein bis drei Prozent des Vermächtniswerts für angemessen gehalten.

Da Frau Stein nicht möchte, dass ihr Sohn für dieses Amt eine Bezahlung erhält, muss diese Frage ausdrücklich in ihrem Testament so geregelt werden. Gegebenenfalls sollte Frau Stein auch darüber nachdenken, ob eine weitere Person ihres Vertrauens als Ersatztestamentsvollstrecker bestimmt werden sollte. Schließlich könnte Ihr Sohn im Ernstfall das Amt ablehnen. Außerdem kann auch der Sohn schwer erkranken oder vor Frau Stein versterben, sodass er das Amt nicht ausüben könnte.

Wie könnte nun das Testament von Frau Stein aussehen?

MUSTER **TESTAMENT** MUSTER

Hiermit lege ich, Herta Stein, geb. am 15.12.1945, wohnhaft in ..., meinen letzten Willen wie folgt fest:

Zu meinem Alleinerben bestimme ich meinen Sohn Jörg Stein, geb. am 17.09.1970, wohnhaft in ...

Mein Enkel, Johannes Stein, geb. am 01.03.1997, wohnhaft ebenda, erhält ein sofort anfallendes Geldvermächtnis in Höhe von 5.000,00 EUR (in Worten: fünftausend Euro).

Sollte mein Enkel Johannes dieses Vermächtnis erhalten, bevor er das 21. Lebensjahr vollendet hat, ordne ich für das Vermächtnis Testamentsvollstreckung an. Der Testamentsvollstrecker hat das Geld aus dem Vermächtnis für meinen Enkelsohn zu verwalten, bis dieser das 21. Lebensjahr vollendet hat. Der Testamentsvollstrecker kann nach eigenem Ermessen meinem Enkel aus dem Vermächtnis diejenigen Mittel zur Verfügung stellen, die für seine Ausbildung benötigt werden.

Zum Testamentsvollstrecker bestimme ich meinen Sohn Jörg Stein. Der Testamentsvollstrecker hat keinen Anspruch auf eine Vergütung.

Ort, Datum, eigenhändige Unterschrift

Das Ehegattentestament

Beispielsfall

Die Eheleute Möckel sind im gesetzlichen Güterstand miteinander verheiratet und haben zwei gemeinsame Kinder, Anna und Maik. Es herrscht gutes Einvernehmen in der Familie. Den Eheleuten Möckel gehört ein kleines Reihenhäuschen. Beide Ehepartner sind im Grundbuch eingetragen. Außerdem ist noch ein kleinerer, überschaubarer Geldbetrag vorhanden. Beide wollen sich gegenseitig absichern. Am Ende sollen alles einmal die Kinder erben. Sie sollen aber nach Möglichkeit erst an das Vermögen kommen, wenn beide Eheleute gestorben sind. Da sie ein gutes Verhältnis zu ihren Kindern haben, gehen sie davon aus, dass keines der beiden Kinder nach dem Tod des Erstversterbenden den Pflichtteil geltend machen wird. Aber so genau weiß man das vorher nie. Sie möchten auf jeden Fall Vorsorge treffen, falls doch eines der beiden Kinder nach dem Tod des Erstversterbenden auf dem Pflichtteil besteht.

Lösung

Ohne Testament würden nach der gesetzlichen Erbfolge der überlebende Ehegatte die Hälfte und die beiden Kinder jeweils ein Viertel erben. Das bedeutet, dass der Pflichtteil der Kinder jeweils ein Achtel beträgt. Mit einem Berliner Testament kann zwar sichergestellt werden, dass der überlebende Ehegatte Alleinerbe ist. Sollte aber eines der Kinder den Pflichtteil verlangen, so kann es ein Achtel des Nachlasses in Geld verlangen.

Bei guten Familienverhältnissen und wenn Kinder nicht in eine finanzielle Notlage geraten sind, wird der Pflichtteil häufig nicht von den Kindern geltend gemacht. Die Kinder hätten drei Jahre Zeit, ihren Pflichtteil zu fordern. Danach ist der Anspruch verjährt. Wollen die Kinder den Pflichtteil nicht, lassen sie ihn meist kommentarlos verjähren.

Familie Möckel macht sich trotz des guten Verhältnisses in der Familie berechtigte Sorgen. Das heute gute Verhältnis kann schon morgen gestört sein, wenn plötzlich der falsche Schwiegersohn oder die falsche Schwiegertochter auftaucht. Ein Kind kann sich ganz anders entwickeln, als die Eltern dachten. Außerdem kann sich die finanzielle Situation des Kindes unter Umständen zum Schlechten verändern. Wer weiß, ob es sich das Kind später leisten kann oder will, auf den Pflichtteil zu verzichten. Im Einzelfall könnte man über einen notariellen Verzicht der Kinder auf den Pflichtteil nach dem Erstversterbenden der Eltern nachdenken. Familie Möckel ist jedoch der Meinung, dass das bei ihnen nicht erforderlich ist. Hier bietet sich eine Pflichtteilsstrafklausel an.

Mit einer solchen Pflichtteilsstrafklausel wird geregelt, dass dasjenige Kind, welches den Pflichtteil beim ersten Sterbefall fordert, nach dem zweiten Sterbefall auch nur den Pflichtteil erhält. Wer also am Anfang nicht „brav“ ist, erhält sozusagen zur Strafe am Ende auch nur den Pflichtteil. Wenn man beide Pflichtteile des „bösen“ Kindes addiert, wird man feststellen, dass es weniger erhält als das „brave“ Kind. Außerdem kann es nur Geld fordern. Einen Anteil vom Grundstück wird dieses Kind damit auch nicht erhalten.

Die Pflichtteilsstrafklausel ist sicher kein Allheilmittel, sie hat jedoch eine Schutz- und Abschreckungswirkung, die in den meisten Fällen ausreicht.

In ihrem Testament setzen sich Herr und Frau Möckel zunächst gegenseitig als Erben ein. Weiterhin bestimmen sie, dass am Ende die Kinder einmal alles erben. Mit der Pflichtteilsstrafklausel wird dann die Geltendmachung des Pflichtteils für die Kinder finanziell unlukrativ gemacht.

Da sich die Eheleute Möckel gegenseitig vertrauen, ist es darüber hinaus sinnvoll, dass jeder Ehegatte nach dem Tod des Erstversterbenden das Testament nochmals ändern kann. Beide gehen davon aus, dass der Überlebende im Sinne beider Ehegatten keinen Missbrauch mit dieser Abänderungsmöglichkeit treiben wird. Das Testament könnte wie folgt gestaltet werden:

TESTAMENT

Wir, die Eheleute Eva Möckel, geb. am 20.08.1958, wohnhaft in ..., und Walter Möckel, geb. am 03.07.1957, wohnhaft ebenda, legen hiermit unseren gemeinsamen letzten Willen wie folgt fest:

Wir setzen uns gegenseitig zu Alleinerben ein.

Zu Schlusserben nach dem Tode des Zuletztversterbenden von uns bzw. zu Erben für den Fall unseres gleichzeitigen Ablebens bestimmen wir unsere beiden Kinder Anna Bänder, geb. Möckel, geb. am 16.01.1983, wohnhaft in ..., und Maik Möckel, geb. am 18.09.1985, wohnhaft in ..., zu je 1/2 Erbanteil.

Sollte eines unserer Kinder entgegen dem Wunsch des überlebenden Ehegatten bereits nach dem Tod des Zuerstversterbenden von uns den Pflichtteil geltend machen, soll dieses Kind nach dem Tode des Zuletztversterbenden von uns auch nur den Pflichtteil erhalten und mit seinem gesamten Stamm von der weiteren Erbfolge ausgeschlossen sein.

Der überlebende Ehegatte ist berechtigt, von diesem Testament abweichende letztwillige Verfügungen zu treffen und neu zu testieren.

Ort, Datum

Unterschrift beider Ehegatten

Inhalte regelmäßig überprüfen und Anpassungen vornehmen

Grundsätzlich wird ein einmal gültig errichtetes Testament später nicht unwirksam. Sie sollten allerdings in gewissen Abständen prüfen, ob das Testament, das Sie vielleicht vor einigen Jahren errichtet haben, auch heute noch Ihrem Willen entspricht. Wenn die Zeit vergeht, ändern sich u. U. auch Ihre familiären Verhältnisse: Ehen können geschieden werden, Kinder oder neue Partner kommen hinzu, es kann Streit geben, Streit kann friedlich beigelegt werden, es gibt plötzlich eine neue Schwiegertochter, die Tochter lässt sich scheiden, der Sohn rutscht ab in Hartz IV, das Patenkind verstirbt an Krebs, es wird ein neuer Enkel geboren, ...

Auch in Ihrem Vermögen können Veränderungen eintreten: Durch eine große Schenkung an die Kinder hat sich das Vermögen verringert, durch das Erbe von Oma sind ein großer Betrag oder ein Grundstück hinzugekommen, es gab eine Abfindung, die Lebensversicherung wurde ausgezahlt, das gesamte Geld wurde zusammen mit einem Kredit für einen Grundstückskauf verwendet, der Ehepartner ist durch seine Firmenpleite in die Insolvenz gegangen, es gab einen Lottogewinn, ...

Vielleicht verfolgen Sie inzwischen ganz andere Ziele als damals bei Testamentserrichtung: Da Ihre Kinder inzwischen wirtschaftlich selbstständig sind, ist die Absicherung von deren Berufsausbildung nicht mehr wichtig; Sie haben festgestellt, dass Ihnen bei der Auswahl einer gemeinnützigen Stiftung der Tierschutz doch näher steht als die Kultur oder andersherum, es ist Ihnen nicht mehr wichtig, im Testament den Sohn als Firmennachfolger zu bestimmen, weil Ihre Tochter inzwischen längst die Firma leitet, Sie haben zu bestimmten Personen, die Sie bedacht haben, überhaupt keinen Kontakt mehr, ...

Sie sehen, das Leben ist vielfältig und unberechenbar. Von Zeit zu Zeit sollten Sie sich (zumindest gedanklich) Ihr Testament vornehmen und sorgfältig überdenken, ob es auch heute noch Ihren familiären und finanziellen Verhältnissen und Ihren Zielen entspricht. Schlimmer als ein unterlassenes Testament ist nur ein veraltetes.

Zuschauerfrage an die Redaktion „Escher. Der MDR-Ratgeber"

Frau L. aus Rostock:

„Mein Sohn ist vor zwei Wochen bei einem Unfall verstorben. Er war nicht verheiratet, hatte aber eine Lebensgefährtin, die er bald heiraten wollte. Kinder hatte er keine. Vor vielen Jahren hatte er eine andere Lebensgefährtin, die er damals in einem Testament zur Alleinerbin bestimmt hat. Jetzt soll nach diesem Testament die frühere Lebensgefährtin alles erben und meine künftige Schwiegertochter, die mir sehr am Herzen liegt, soll leer ausgehen. Kann ich ihr irgendwie helfen?"

Es ist verständlich, dass Sie der letzten Lebensgefährtin Ihres Sohnes, die beinahe Ihre Schwiegertochter geworden wäre, helfen wollen. Leider hat die junge Frau schlechte Karten. Laut Testament erbt die frühere Lebensgefährtin. Da das Testament nicht geändert wurde, ist es nach wie vor gültig. Die jetzige Freundin geht damit leider wirklich leer aus. Da beide nicht verheiratet waren, hat sie auch kein gesetzliches Erb- oder Pflichtteilsrecht.

Was tun im Todesfall?

Niemand setzt sich gern damit auseinander, welche Formalitäten notwendig sind, wenn ein Angehöriger verstirbt. Aus diesem Grunde trifft ein Sterbefall die Angehörigen bzw. die künftigen Erben meist unvorbereitet, und Erben oder Angehörige stehen häufig vor der Frage, welche Behördenwege und Erledigungen im Ernstfall dringend anstehen. Dieses Kapitel soll ein Kompass für den Notfall für diejenigen sein, die von der Trauer um den Tod eines nahen Angehörigen oder guten Freundes überwältigt sind und dennoch eine Reihe von Formalitäten und Behördengängen erledigen müssen.

ACHTUNG **PERSÖNLICHEN BEISTAND SUCHEN** ACHTUNG

Unmittelbar nach Ableben eines nahe stehenden Angehörigen oder guten Freundes ist es nachvollziehbar, wenn sich der Hinterbliebene einsam und verloren fühlt. In dieser Situation ist es empfehlenswert, sich an einen guten Bekannten, Verwandten oder Freund zu wenden, der moralische Unterstützung geben kann. Eine solche Person des Vertrauens kann in dieser Situation eine wertvolle Hilfe und Unterstützung sein.

Totenschein und Sterbeurkunde

Tritt der Sterbefall zu Hause ein, ist unverzüglich ein Arzt zu benachrichtigen, der den Tod amtlich feststellt und den Totenschein ausstellt. Der Arzt wird den Verstorbenen eingehend untersuchen. Sollte er Anhaltspunkte dafür finden, dass der Verstorbene keines natürlichen Todes gestorben ist, muss er entsprechende Angaben auf dem Totenschein machen. In einem solchen (seltenen) Fall wird sich die Polizei mit Ermittlungen einschalten. Eine Freigabe zur Bestattung des Verstorbenen wird es dann erst nach Abschluss der polizeilichen Ermittlungen geben. Hat der Arzt jedoch im Normalfall den natürlichen Tod festgestellt, gibt es kein Hindernis für eine Bestattung.

Tritt der Sterbefall im Krankenhaus ein, müssen sich die Angehörigen nicht persönlich um den Totenschein kümmern. Die behandelnden Ärzte im Krankenhaus werden diese Formalität von sich aus erledigen.

Der Totenschein ist die Voraussetzung, um eine Sterbeurkunde zu erhalten. Im Normalfall wird sich der Bestatter um die Beantragung einer Sterbeurkunde kümmern. Dazu benötigt er den Totenschein, den Personalausweis des Verstorbenen, bei Verheirateten die Eheurkunde, bei Geschiedenen das Scheidungsurteil und bei Verwitweten die Sterbeurkunde des vorverstorbenen Ehegatten.

ACHTUNG **MEHRERE AUSFERTIGUNGEN DER STERBEURKUNDE BESTELLEN** ACHTUNG

Denken Sie daran, mehrere Ausfertigungen der Sterbeurkunde zu bestellen. Einige Behörden und sonstige Institutionen benötigen ein Original der Sterbeurkunde. Muss eine Sterbeurkunde nachbestellt werden, bedeutet das für Sie zusätzlichen Aufwand.

Zuschauerfrage an die Redaktion „Escher. Der MDR-Ratgeber"

Herr N. aus Groningen:

„Kürzlich verstarb meine Großmutter mit 97 Jahren. Sie ist zu Hause ganz friedlich eingeschlafen. Der von mir bestellte Bestatter hat sofort einen Arzt angerufen, der bei einem Hausbesuch den Tod feststellen sollte. Wieso musste ein Arzt den Tod feststellen? Es war doch klar, dass sie verstorben war!"

Diese Formalität ist unbedingt notwendig, um zu verhindern, dass eine Person zur Bestattung gebracht wird, die noch am Leben ist. Ein medizinischer Laie kann sich irren. In dieser wichtigen Frage auf Leben und Tod darf es jedoch keine Irrtümer geben.

Organentnahme – ja oder nein?

In erster Linie richtet sich die Frage der Organentnahme nach dem Willen des Verstorbenen. Wenn der Verstorbene sich zu seinen Lebzeiten ausdrücklich mit einer Organentnahme einverstanden erklärt hat, beispielsweise im Rahmen einer General- und Vorsorgevollmacht, und er einen Organspenderausweis ausgefüllt hatte, kann eine Organentnahme durchgeführt werden. Hat er ausdrücklich eine Organentnahme verboten, muss sie auch unterbleiben.

Hat der Verstorbene jedoch nichts zu dieser Frage geregelt und sich zu Lebzeiten auch nicht zu dieser Frage geäußert, müssen die nächsten Angehörigen entscheiden, und zwar sehr kurzfristig nach dem Ableben. Sollte eine Organentnahme tatsächlich infrage kommen, kann sie zeitlich nur eng begrenzt nach dem Ableben des Betroffenen durchgeführt werden.

Die nächsten Angehörigen entscheiden in folgender Rangfolge:

- Ehegatte bzw. Lebenspartner einer gleichgeschlechtlichen eingetragenen Lebenspartnerschaft,
- volljährige Kinder,
- Eltern,
- volljährige Geschwister,
- Großeltern.

Zuschauerfrage an die Redaktion „Escher. Der MDR-Ratgeber"

Frau F. aus Hoyerswerda:

„Ich möchte gern nach meinem Ableben meinen Körper für Organentnahmen zur Verfügung stellen. Ich habe das in meinem Testament und in meiner General- und Vorsorgevollmacht sowie in meiner Patientenverfügung aufgeschrieben. Reicht das? Wird damit mein Wille respektiert?“

Grundsätzlich schon. Aber in der Praxis würde man nicht schnell genug von Ihrem Willen im Hinblick auf die Organentnahme erfahren. Das Testament wird meist erst Tage nach dem Ableben gelesen bzw. eröffnet. Dann ist es für eine Organspende mit Sicherheit zu spät.

Normalerweise trägt man auch die Vorsorgevollmacht und Patientenverfügung nicht ständig bei sich. Diese Dokumente sind vielmehr zu Hause bei den wichtigen Unterlagen verwahrt. Woher sollen also Ärzte wissen, dass Sie mit einer Organentnahme einverstanden sind, wenn Ihnen unterwegs ein Unglück zustößt und Ihr Tod amtlich festgestellt ist? Bei Organentnahmen kann es um Stunden und Minuten gehen. Deshalb sollten Sie unbedingt einen Organspendeausweis ausfüllen und bei sich tragen. Außerdem sollten Sie mit Ihren nächsten Angehörigen darüber sprechen, dass dies Ihr Wunsch ist, damit diese nicht später davon überrascht werden.

Die Bestattung organisieren

Nach einem Sterbefall stellt sich häufig die Frage, wer die Bestattung organisieren darf bzw. muss. Zur Totenfürsorge berechtigt sind die nächsten Angehörigen eines Verstorbenen, und zwar in folgender Reihenfolge:

- Ehegatte bzw. Lebenspartner einer gleichgeschlechtlichen eingetragenen Lebenspartnerschaft,
- volljährige Kinder,
- Eltern,
- volljährige Geschwister,
- Großeltern.

Diese Personen müssen nicht zwangsläufig zugleich auch die Erben des Verstorbenen sein.

Bei der Auswahl des Bestattungsunternehmens sollten Sie auf Mundpropaganda und die Erfahrungen anderer Verwandter und Freunde vertrauen, um ein geeignetes Unternehmen zu finden.

Welche Art der Bestattung?

Kurzfristig muss in diesem Zusammenhang die Frage entschieden werden, ob eine Erd- oder eine Feuerbestattung gewünscht wird. Denkbar wären auch eine so genannte Seebestattung, bei der eine Urne im Meer versenkt wird, oder eine Weltraumbestattung, bei der ein Teil der Asche des Verstorbenen mit einem Satelliten in der Erdumlaufbahn verglüht. Maßgeblich dafür sind in erster Linie Wünsche, die der Verstorbene mündlich oder schriftlich geäußert hat. Ansonsten entscheiden die jeweils Todesfürsorgeberechtigten über diese Fragen.

Zuschauerfrage an die Redaktion „Escher. Der MDR-Ratgeber"

Herr U. aus Dresden:

„Da ich keine näheren Angehörigen besitze, habe ich in meinem Testament den Sohn meines besten Freundes zum Alleinerben bestimmt. Nach meinem Ableben wünsche ich eine Erdbestattung und keinesfalls eine Feuerbestattung. Da es mir unangenehm ist, mit meinem Freund oder seinem Sohn über dieses Thema zu sprechen, habe ich diesen Wunsch in mein Testament geschrieben, das beim Nachlassgericht liegt. Ist das ausreichend?"

Nein. Selbst für den Fall, dass das Nachlassgericht unverzüglich von Ihrem Ableben informiert wird, dauert die Eröffnung eines Testaments einige Tage. Bis das Testament eröffnet wird, ist also in der Regel die Bestattung bereits erfolgt. Selbst wenn der Sohn Ihres Freundes weiß, dass er Erbe wird, und die Bestattung bestellt, kann er nicht ahnen, wie Sie sich die Bestattung vorstellen. Sicherlich würde er gern Ihre Wünsche berücksichtigen. Dazu müsste er sie aber vorher kennen. Denkbar ist, dass er im guten Glauben die Feuerbestattung für die richtige Bestattungsform hält.

Wenn es Ihnen wichtig ist, dass Ihre Wünsche in dieser Frage berücksichtigt werden, sollten Sie das in anderer Weise zum Ausdruck bringen. Denkbar ist beispielsweise, dass Sie sich doch überwinden und mit Ihrem Freund bzw. dessen Sohn sprechen, wie Sie sich Ihre Bestattung einmal vorstellen. Wenn Sie dieses Gespräch nicht führen möchten, können Sie auch Ihrem künftigen Erben Ihre Wünsche zur Bestattung schriftlich mitteilen. Sie können ihm beispielsweise einen verschlossenen Umschlag mit der Aufschrift „Im Todesfall sofort öffnen!" aushändigen.

Sie können aber auch mit einem Bestattungsunternehmen Ihrer Wahl einen entsprechenden Vertrag bereits zu Ihren Lebzeiten abschließen und verbindlich die Art und Weise Ihrer Bestattung festlegen. In einem solchen Bestattungsvertrag können Sie – wenn das Ihr Wunsch ist – bereits die entsprechende Vergütung für den Bestatter festlegen und auf ein Treuhandkonto des Bestatters einzahlen. Durch ein entsprechendes Treuhandkonto ist gesichert, dass Gelder im Falle der Insolvenz des Bestatters nicht verloren gehen. Im Todesfall wird der Bestatter nach Information durch die Angehörigen tätig.

Zuschauerfrage an die Redaktion „Escher. Der MDR-Ratgeber"

Frau K. aus Eisenhüttenstadt:

„Mein Vater ist vor einer Woche verstorben. Nach dem Tod meiner Mutter hat er im letzten Jahr noch mal neu geheiratet. Ich bin der Meinung, dass er jetzt neben meiner Mutter bestattet werden sollte. Schließlich war er mit ihr über 40 Jahre verheiratet. Die zweite Ehe dauerte nur knapp ein Jahr. Seine neue Ehefrau ist damit aber nicht einverstanden und will eine neue Grabstelle nehmen. Muss ich mir das gefallen lassen? Als Miterbe mit der neuen Frau habe ich in dieser Frage doch auch ein Wort mitzureden!"

Die neue Frau Ihres Vaters ist in erster Linie totenfürsorgeberechtigt. Die Frage, wer die Bestattung ausrichten darf, hat nichts mit der Frage zu tun, wer Erbe geworden ist. Unabhängig davon, wer nach Ihrem Vater erbt, ist in erster Linie seine neue Ehefrau berechtigt, die Bestattung zu organisieren. Danach kann sie allein bestimmten, wo Ihr Vater bestattet wird. Ihr Wunsch als Tochter ist hier nachrangig und muss nicht von der Ehefrau berücksichtigt werden. Sie werden also den Wunsch der neuen Ehefrau respektieren müssen.

Wie aufwendig soll die Bestattung sein?

Da Bestattungen in unterschiedlichen Preislagen möglich sind, sollten Sie mit dem Bestattungsunternehmen unbedingt auch über die Frage der Kosten sprechen. Wenn Sie das Gefühl haben, dass die Kosten unangemessen hoch ausfallen, sollten Sie sich nicht scheuen, sich ein Angebot eines anderen Bestattungsunternehmens einzuholen, auch wenn das im Normalfall sicherlich nicht erforderlich sein dürfte.

Es ist empfehlenswert, den Aufwand für die Bestattung den Lebensverhältnissen des Erblassers anzupassen. Ist nur wenig Geld im Nachlass vorhanden, stellt sich ansonsten die Frage, ob eine aufwendige Bestattung sinnvoll ist. Meist kann die Rechnung des Bestatters vom Konto des Verstorbenen bezahlt werden, wenn der Bank eine Sterbeurkunde vorgelegt wird. Diese Frage sollten Sie jedoch vorher unbedingt mit der Bank absprechen. Bitte vergessen Sie nicht, alle Rechnungen im Zusammenhang mit dem Todesfall sorgfältig aufzubewahren. Diese können unter Umständen später ein wichtiger Nachweis sein, wenn es um die Teilung des Erbes oder die Auszahlung eines Pflichtteils geht. Im Nachhinein ist die Beschaffung von Ersatzbelegen sehr aufwendig.

ACHTUNG **INFORMATIONEN RUND UM DAS THEMA BESTATTUNG** ACHTUNG

Bei Fragen und Unklarheiten zum Thema Bestattung können Sie sich auch im Internet informieren. Aufschlussreich ist beispielsweise die Seite von Aeternitas e. V. (www.aeternitas.de). Dieser bundesweit tätige Verein informiert als Verbraucherinitiative kompetent zum Thema Bestattung. Auf der Internetseite www.postmortal.de werden ebenfalls wertvolle Informationen angeboten.

Formalitäten und Behördenwege

Weiterhin müssen Sie mit dem Bestattungsunternehmen absprechen, welche weiteren Formalitäten und Behördenwege es Ihnen abnehmen kann und soll und ob bzw. welche Zusatzkosten dafür anfallen.

So kann sich das Bestattungsunternehmen beispielsweise um die Beschaffung einer Sterbeurkunde kümmern, indem es den Totenschein beim Standesamt abgibt, welches dann die Sterbeurkunde ausstellt. In vielen Fällen wird sich der Bestattungsunternehmer auch mit dem Rentenversicherungsträger und weiteren Institutionen in Verbindung setzen und dort den Todesfall mitteilen. Das müssen Sie jedoch im Einzelfall jeweils absprechen.

Im Zusammenhang mit der Bestattung müssen auch eine Reihe weiterer Formalitäten erledigt werden. Es ist dabei insbesondere an folgende Dinge zu denken:

- Auswahl des Friedhofs,
- Auswahl der Grabstätte. Infrage kommen
  - Reihengrab,
  - Wahlgrab oder
  - anonyme Bestattung.
- Termin für die Trauerfeier bestimmen. Stimmen Sie den Termin ab mit
  - dem Bestatter,
  - der Friedhofsverwaltung und
  - ggf. weiteren Angehörigen.
- Gedenkfeier organisieren:
  - Blumen?
  - Trauerredner?
  - Musik?
- Bewirtung der Trauergäste für Feierlichkeit nach der Beerdigung bestellen. Vielerorts ist es üblich und wird erwartet, dass die Trauergäste nach der Bestattung bewirtet werden. Sie müssten entscheiden,
  - ob eine solche Feierlichkeit überhaupt stattfinden soll und wenn,
  - ob sie in einer Gaststätte bestellt wird oder
  - ob ein Imbiss zu Hause gereicht wird.
- Benachrichtigung weiterer Personen. Es muss überlegt werden,
  - welche Personen über den Sterbefall informiert werden sollen und welche ggf. zu
  - einer Trauerfeier auf dem Friedhof eingeladen werden.
  - In diesem Zusammenhang ist auch über eine Todesanzeige in der Zeitung nachzudenken.

Wer muss nun die Bestattung bezahlen?

Derjenige, der totenfürsorgeberechtigt ist, kann beim Bestatter die Bestattung in Auftrag geben. Wer bestellt, muss auch den Bestatter bezahlen. Sollte der Totenfürsorgeberechtigte jedoch nicht Erbe sein, kann er das Geld für die Bestattung vom Erben zurückverlangen. Dies ist in den meisten Fällen unproblematisch.

Schwierigkeiten ergeben sich in der Praxis allerdings dann, wenn das Ordnungsamt die Bestattung organisiert hat. Das Ordnungsamt wird immer dann tätig, wenn eine Person verstirbt, die entweder keine Angehörigen hat oder deren Angehörige nicht kurzfristig ermittelt werden konnten und auch ansonsten unbekannt ist, wer möglicherweise geerbt hat. Eine anstehende Bestattung kann nicht beliebig lange aufgeschoben werden. Die Bestattungsgesetze der einzelnen Bundesländer sehen dafür jeweils Fristen vor, die im Normalfall einzuhalten sind.

Hat das Ordnungsamt die Bestattung in Auftrag gegeben, regeln die Bestattungsgesetze der Bundesländer wiederum unterschiedlich, an wen es sich halten wird, um die Kosten erstattet zu bekommen. Dabei knüpfen diese Gesetze nicht an die Frage an, wer Erbe geworden ist. Sie halten sich vielmehr an die nächsten Angehörigen, egal ob diese geerbt haben oder nicht.

In den Bestattungsgesetzen ist meist geregelt, dass zunächst der Ehegatte dem Ordnungsamt gegenüber für die Kosten der Beerdigung verantwortlich ist. Gibt es keinen Ehegatten, werden die Kinder herangezogen. Unterschiedlich regeln dabei die einzelnen Bestattungsgesetze, ob alle Kinder herangezogen werden oder nur das älteste oder nur volljährige Kinder. Existieren keine Kinder, können auch Eltern oder Geschwister für diese Kosten herangezogen werden. Die jeweils vom Ordnungsamt in Anspruch genommene Person muss sich dann darum kümmern, dass der Erbe ihr die Kosten erstattet.

Kann kein Erbe festgestellt werden, weil beispielsweise alle gesetzlichen Erben wegen Überschuldung des Nachlasses die Erbschaft ausgeschlagen haben, müssen unter Umständen die vom Ordnungsamt herangezogenen Personen diese Kosten allein tragen. Lediglich in Ausnahmefällen, wenn beispielsweise der Kostenpflichtige selbst Sozialhilfeempfänger ist, kann er von dieser Kostentragungspflicht befreit werden. Dann kann ein entsprechender Antrag bei dem Sozialamt gestellt werden, das für den Verstorbenen zuständig war.

Stellt es für die herangezogene Person eine unbillige Härte dar, die Bestattungskosten zu tragen, kann sie ebenfalls befreit werden. Hat beispielsweise ein Vater böswillig nie Unterhalt für seine Kinder gezahlt oder sie im Kindesalter schwer misshandelt, kann es für diese Kinder unzumutbar sein, später die Beerdigung dieses Vaters zu bezahlen.

Wer wird vom Sterbefall benachrichtigt?

Wie bereits erwähnt, muss im Rahmen der Bestattung geklärt werden, welche Freunde oder Angehörigen zu benachrichtigen sind. Darüber hinaus muss der Arbeitgeber benachrichtigt werden, wenn der Verstorbene in einem Anstellungsverhältnis tätig war.

Zuschauerfrage an die Redaktion „Escher. Der MDR-Ratgeber"

Herr W. aus Bergen:

„Mein Vater ist vor acht Wochen verstorben. Nach der Scheidung meiner Eltern hat er leider jeden Kontakt zu mir abgelehnt, obwohl ich oft versucht habe, mit ihm zu sprechen. Seine neue Frau hat mich so kurz vor dem Beerdigungstermin von seinem Tod und dem Termin der Beisetzung informiert, dass ich nicht zur Beerdigung kommen konnte. Das war doch sicher Absicht, um mich zu verletzen! Wäre sie nicht verpflichtet gewesen, mich unverzüglich zu informieren? Immerhin bin ich sein Sohn.“

Moralisch wäre sie dazu vielleicht tatsächlich verpflichtet gewesen. Eine Rechtspflicht gibt es dafür jedoch nicht. Da Ihr Vater zu Lebzeiten jeden Kontakt zu Ihnen abgelehnt hat, hat er möglicherweise sogar gewünscht, dass Sie nicht kommen. Es kann auch sein, dass seine neue Frau das nicht wollte. Für den Fall Ihrer Anwesenheit bei der Beerdigung wären Sie seitens der neuen Frau in jedem Fall unerwünscht gewesen.

Behörden informieren

Darüber hinaus müssen einige Behörden oder sonstige Institutionen über den Todesfall informiert werden. Gegebenenfalls kann hier der Bestatter helfen, die entsprechenden Anschreiben abzusenden.

Insbesondere Versicherungen müssen unverzüglich eine Mitteilung vom Ableben des Verstorbenen erhalten. Bei Lebens- und Unfallversicherungen müssen die Meldungen unter Umständen binnen 48 Stunden nach dem Todesfall eingereicht werden. Dies hängt jedoch jeweils von den vereinbarten Vertragsbedingungen der Versicherung ab. Hat der Erblasser konkret eine Person benannt, die die Versicherungsleistung erhalten soll, fällt dieser Anspruch nicht in den Nachlass. Es handelt sich dann um einen so genannten „Vertrag zugunsten Dritter". Das bedeutet, dass die genannte Person selbst dann Anspruch auf die Versicherungsleistung hat, wenn sie nicht Erbe wird. Das wäre beispielsweise dann gegeben, wenn Alleinerbin die Ehefrau wird und Begünstigte der Lebensversicherung die Kinder sind.

Zuschauerfrage an die Redaktion „Escher. Der MDR-Ratgeber"

Frau K. aus Saalfeld:

„Nach dem Tod meines Mannes gibt es Ärger mit der Lebensversicherung, die mein Mann vor längerer Zeit abgeschlossen hat. Dort hatte er als Begünstigte seine Tochter aus erster Ehe namentlich genannt. Mit dieser Tochter hat er allerdings seit drei Jahren Streit und hat sie in seinem Testament enterbt. Er hat mir immer gesagt, das Geld aus der Versicherung soll sie auch nicht erhalten. Wieso erhält sie jetzt trotzdem die Auszahlung aus der Lebensversicherung?"

Ihr Mann hat nach dem Streit mit der Tochter deren Bezugsberechtigung für die Lebensversicherung nicht streichen lassen. Da die Tochter dort nach wie vor als Bezugsberechtigte eingetragen ist, erhält sie die Zahlung der Versicherung. Dieses Geld fällt nicht in den Nachlass und steht nicht dem Erben zu, sondern dem Bezugsberechtigten.

Auch die Krankenkasse und die Rentenstelle benötigen eine unverzügliche Mitteilung, die meist der Bestatter absendet.

Weiterhin sollte Banken, Sparkassen oder Bausparkassen der Todesfall mitgeteilt werden. Insbesondere muss hier geklärt werden, wie der künftige Erbe seine Erbenstellung nachweist. Sprechen Sie mit der Bank bzw. Sparkasse ab, ob diese auf der Vorlage eines Erbscheins bzw. eröffneten notariellen Testaments besteht oder ob beispielsweise bei einem handschriftlichen Testament eine beglaubigte Ablichtung des vom Nachlassgericht eröffneten Testaments mit Eröffnungsprotokoll ausreicht.

ACHTUNG **MITGLIEDSCHAFTEN UND VERTRÄGE PRÜFEN** **ACHTUNG**

Prüfen Sie unbedingt auch, ob es Mitgliedschaften oder Verträge gibt, die gekündigt werden müssen. Es könnte sich dabei beispielsweise um ein Zeitschriftenabonnement, den Mietvertrag für die Wohnung bzw. eine Garage oder die Mitgliedschaft im Sportverein handeln. Diese Verträge enden unter Umständen nicht automatisch mit dem Tod.

Insbesondere bei Mietverträgen für die Wohnung des Erblassers sind einige Besonderheiten zu beachten. Die Angehörigen müssen zunächst überlegen, ob sie die Wohnung übernehmen und behalten wollen. Dies ist in erster Linie für den Ehegatten, Lebensgefährten oder Partner einer eingetragenen gleichgeschlechtlichen Lebenspartnerschaft relevant. Will beispielsweise der Lebensgefährte die Wohnung nicht übernehmen, muss er innerhalb eines Monats ab dem Todesfall dem Vermieter schriftlich mitteilen, dass er die Wohnung nicht übernehmen will, und zugleich außerordentlich kündigen. Gleiches gilt auch für den Erben, wenn es keine Person gibt, die in den Mietvertrag eintreten könnte. Der Erbe kann dann innerhalb eines Monats von seinem Sonderkündigungsrecht Gebrauch machen und mit der gesetzlich zulässigen Frist den Mietvertrag kündigen. Diese gesetzlich zulässige Frist kann dabei wesentlich kürzer sein als die im Mietvertrag vereinbarte.

KURZÜBERSICHT: DER INHABER EINES KONTOS VERSTIRBT – WAS NUN?

Welche Unterlagen werden seitens der Bank benötigt, um das Konto auf ein so genanntes Nachlasskonto umzustellen?	▪ Sterbeurkunde bzw. Erbnachweise (z. B. Erbschein, eröffnetes Testament)
Was geschieht mit erteilten Vollmachten?	▪ Die typischen Bankvollmachten sind grundsätzlich so ausgerichtet, dass sie über den Tod hinaus gelten. Sie bleiben somit gültig. ▪ Eine eventuelle, speziell für den Todesfall erteilte Vollmacht tritt nun erst in Kraft.
Was passiert bei so genannten „Oder-Konten"?	▪ Der bzw. die Kontoinhaber können weiterhin über das Konto verfügen.

Beispielsfall

Herr Otto Normalerblasser ist am 04.07.2009 verstorben. Seine Ehefrau ist nach eigener Auskunft die Alleinerbin, es liegt aber noch keine „Erblegitimation" vor.

Welche Auswirkungen haben unterschiedliche Kontoarten auf die Verfügungsmöglichkeiten von Frau Müller bei unterschiedlichen Anlässen?

VERFÜGUNGSMÖGLICHKEIT ÜBER KONTEN

	Einzelkonto ohne Vollmacht für die Ehefrau	Einzelkonto mit Vollmacht für die Ehefrau	Gemeinsames Oder-Konto mit der Ehefrau
Begleichung der Kosten für Ärzte, Krankenhaus, sowie für die Beerdigung	Verfügungen, die im unmittelbaren Zusammenhang mit dem Tod des Kontoinhabers stehen, sind auch ohne Erblegitimation möglich.	Aufgrund der über den Tod hinaus geltenden Vollmacht sind weiterhin Verfügungen möglich.	Als Mitkontoinhaber können weiterhin sämtliche Verfügungen getroffen werden.
Überweisen der Miete	nicht möglich (außer bei Dauerauftrag und Einzugsermächtigung)	möglich	möglich
Überweisen von Handwerkerrechnungen	nicht möglich	möglich	möglich
Auszahlung des Haushaltsgeldes in Höhe von 500 Euro an Frau Meier	nicht möglich	möglich	möglich
Verkauf von Aktien, die das damals von Herrn Otto Normalerblasser gesteckte Kursziel erreicht haben	nicht möglich	möglich	möglich

Das Konto wurde umgestellt. Was folgt nun?

- Die Erbfolge muss geklärt werden:
  Dies geschieht in der Regel über den Erbschein, ein eröffnetes Testament mit Eröffnungsprotokoll oder einen notariell eröffneten bzw. beglaubigten Erbvertrag.
- Ist die Erbfolge geklärt, müssen die Nachlasswerte entsprechend den Verfügungen des Kontoinhabers verteilt werden, z. B. an den allein erbenden Ehepartner, die Kinder, Geschwister etc.

Welche sonstigen Pflichten ergeben sich für die Bank?

- Die Bank muss eine so genannte „Finanzamtsmeldung" an das zuständige Erbschaftsteuerfinanzamt abgeben. Diese umfasst:
  - die Salden sämtlicher Konten und Depots zum Vorabend des Todestages; die gemeldeten Werte fließen somit in die Berechnung der Erbschaftsteuer mit ein;
  - das Vorhandensein eines Safes/Schließfachs;
  - Verträge zugunsten Dritter.
- „Überbezahlte" Rente muss an die Versicherungsträger zurücküberwiesen werden.

Sollten einer oder mehrere Erben im Ausland leben, muss von der Bank eine so genannte Unbedenklichkeitsbescheinigung vom zuständigen Erbschaftsteuerfinanzamt angefordert werden. Diese besagt, dass keine unbeglichenen Steuerschulden im Raum stehen, die eventuell durch die zur Auszahlung kommenden Summe gestillt werden müssten.

Ausschlagung des Erbes prüfen

Wenn der Nachlass nur aus Schulden besteht, sollten Sie die Erbschaft ausschlagen. Die Frist dazu beträgt sechs Wochen ab Kenntnis der Erbenstellung. Das ist eine recht kurze Frist, die Sie aber unbedingt beachten müssen.

ACHTUNG **STILLSCHWEIGEN BEDEUTET ANNAHME DER ERBSCHAFT** ACHTUNG

Viele Menschen denken, dass sie erst dann Erbe werden, wenn sie sich beim Nachlassgericht melden und dort mitteilen, dass sie die Erbschaft annehmen. Das ist falsch! Der potenzielle Erbe wird dann zum endgültigen Erben, wenn er Kenntnis davon hat, dass der Erblasser verstorben ist, er als Erbe infrage kommt und die Sechswochenfrist verstreichen lässt. Wer in Kenntnis seiner Erbenstellung sechs Wochen lang schweigt, hat die Erbschaft angenommen.

Hat der Verstorbene ein Testament hinterlassen, kann der potenzielle Erbe erst Kenntnis von seiner Erbenstellung haben, wenn er dieses Testament kennt, sodass für ihn die Sechswochenfrist nach dem Sterbefall ab Kenntnis des Testaments zu laufen beginnt. Das Testament ist unverzüglich nach dem Sterbefall beim Nachlassgericht abzuliefern, sofern es nicht bereits vom Gericht verwahrt wurde. Dort wird das Testament eröffnet und an die Beteiligten zur Kenntnisnahme übersandt. Dann läuft die Sechswochenfrist zur Ausschlagung.

Hat der Verstorbene jedoch kein Testament hinterlassen, tritt die gesetzliche Erbfolge ein. Es ist davon auszugehen, dass Ehegatten, Kinder und ggf. Eltern oder Geschwister in einfach gelagerten Fällen sofort bei Ableben des Verstorbenen erkennen müssen, dass sie als gesetzliche Erben infrage kommen. Sind dagegen die Familienverhältnisse komplizierter und ist es nicht gleich auf den ersten Blick nachvollziehbar, dass der potenzielle Erbe tatsächlich als gesetzlicher Erbe infrage kommt, kann in Ausnahmefällen auch hier die Kenntnis von der Erbenstellung später vorliegen, sodass die Frist ebenfalls erst später zu laufen beginnt.

ACHTUNG **LÄNGERE AUSSCHLAGUNGSFRIST BEI AUSLANDSAUFENTHALT** ACHTUNG

Befindet sich der Erbe zu Beginn der Ausschlagungsfrist im Ausland, beträgt die Ausschlagungsfrist sechs Monate.

Die Ausschlagungserklärung muss vor dem Nachlassgericht zu Protokoll oder vor einem Notar erklärt werden, der dann fristgemäß die Ausschlagungserklärung an das zuständige Nachlassgericht weiterleitet. Es reicht keinesfalls aus, dem Nachlassgericht mit einem Telefonanruf oder einem einfachen Anschreiben mitzuteilen, dass man nicht Erbe sein möchte.

Zuschauerfrage an die Redaktion „Escher. Der MDR-Ratgeber"

Frau O. aus Bremen:

„Mein geschiedener Mann ist verstorben und hat nichts als Schulden hinterlassen. Da meine 16-jährige Tochter diese Schulden von ihrem Vater nicht erben sollte, war ich mit ihr innerhalb der Ausschlagungsfrist beim Notar und habe dort für meine Tochter die Ausschlagung des Erbes erklärt. Der Notar hat mir erklärt, dass wir jetzt noch die Genehmigung vom Familiengericht für diese Erbausschlagung benötigen. Wieso mischt sich hier eigentlich das Familiengericht ein? Ich als allein sorgeberechtigte Mutter habe mich doch vergewissert, dass wirklich nur Schulden vorhanden sind.“

Sind Minderjährige unmittelbar als Erben für einen überschuldeten Nachlass berufen, sollte der jeweilige gesetzliche Vertreter für sie eine Erbausschlagung vornehmen. Das haben Sie als sorgeberechtigte Mutter für Ihre Tochter ordnungsgemäß getan. Danach ist das Familiengericht dazu verpflichtet, Ihren Antrag zu prüfen. Ist er begründet, wird ihn das Gericht genehmigen. Das ist ein routinemäßiger Vorgang, der keinesfalls mit Misstrauen Ihnen gegenüber gleichzusetzen ist. Es ist jedoch die Pflicht des Familiengerichts, sich zu vergewissern, ob die Erbausschlagung tatsächlich zum Vorteil Ihrer minderjährigen Tochter ist. Auch dann, wenn das Familiengericht die Genehmigung erst nach Ablauf der Ausschlagungsfrist erteilt, ist die von Ihnen vorgenommene Ausschlagung als fristgerecht anzusehen.

Niemand will Ihnen unterstellen, dass Sie hier eigenmächtig oder verantwortungslos handeln. Es gibt jedoch Fälle, in denen Eltern diese Frage nicht so gründlich geprüft haben wie Sie. Andererseits kann es auch vorkommen, dass Eltern einen Nachlass aus Unkenntnis für wertlos halten. Bei genauer Prüfung durch das Gericht kann sich jedoch herausstellen, dass vielleicht die Eltern etwas übersehen haben und dass es doch vorteilhaft für das Kind sein kann, diese Erbschaft zu erhalten.

Das Erbe regeln

Wenn ein handschriftliches Testament im Nachlass vorhanden ist, muss es unverzüglich mit einer Sterbeurkunde bei dem Nachlassgericht abgegeben werden, das für den Wohnort des Erblassers zuständig ist. Es ist jedoch möglich, dass der Erblasser das Testament einer anderen Person zur Verwahrung übergeben hat, die an einem anderen Ort wohnt. Diese kann das Testament beim Nachlassgericht entweder am Wohnort des Verstorbenen oder bei dem für ihren Wohnort zuständigen Nachlassgericht abgeben.

Die Ablieferungspflicht umfasst alle Schriftstücke, die man als Testament verstehen kann. Klar ist dies sicher bei einem Schriftstück, das mit „Testament“ oder „Mein letzter Wille“ bezeichnet ist. Ein Erblasser kann sein Testament allerdings auch in Briefform verfasst haben. Im Zweifelsfall sollten alle schriftlichen Verfügungen des Erblassers beim Nachlassgericht abgegeben werden, in denen er regelt, wer nach seinem Tod etwas erhalten soll.

Häufig stellt sich beim handschriftlichen Testament die Frage, wo es der Erblasser zu Hause verwahrt hat. In dem meisten Fällen wird es ordentlich in einer Kassette, einem Ordner oder in einer bestimmten Schublade aufgehoben. Leider sind nicht alle Erblasser so ordentlich. Dann müssen die Hinterbliebenen suchen, wo das Testament sein könnte, von dem der Erblasser immer gesprochen hat. Mitunter hat der Erblasser das Testament regelrecht versteckt. Es ist in der Praxis schon vorgekommen, dass ein Testament zwischen den Seiten eines Buches lag oder es mit Heftpflaster unter die Platte des Küchentischs geklebt war.

ACHTUNG **TESTAMENT ORDENTLICH VERWAHREN** ACHTUNG

Wer möchte, dass sein Testament gefunden und ausgeführt wird, sollte es nicht verstecken, sondern ordentlich verwahren. Ist es zu Hause nicht sicher genug, dann sollte es der Erblasser zu Lebzeiten zur Hinterlegungsstelle des Nachlassgerichts bringen.

Wenn das Testament beim Nachlassgericht verwahrt ist

Bei einem notariellen oder bei einem handschriftlichen Testament, das vom Nachlassgericht verwahrt wird, ist das Nachlassgericht lediglich mit einer Sterbeurkunde vom Sterbefall zu informieren. Diese Testamente liegen bereits beim Nachlassgericht. Gleichzeitig ist auf das hinterlegte Testament hinzuweisen. Ebenso ist zu verfahren, wenn bei einem Ehegattentestament nunmehr auch der zweite Ehegatte verstorben ist. Nach dem Tod des ersten Ehegatten ist das Testament bereits im Original zum Gericht gebracht, damals eröffnet worden und im Original dort verblieben. Jetzt wird es nach dem Ableben des zweiten Ehegatten nochmals eröffnet.

Ist ein Verwahrschein für ein beim Nachlassgericht hinterlegtes Testament vorhanden, sollte er dem Gericht vorgelegt werden. Einen Verwahrschein erhält ein Erblasser vom Nachlassgericht immer dann als eine Art Quittung, wenn er zu seinen Lebzeiten ein Testament beim Nachlassgericht in die amtliche Verwahrung gegeben hat.

Sollten die Erben nicht wissen, dass der Erblasser beim Nachlassgericht ein Testament hinterlegt hat, wird dieses auch ohne die Kenntnis der Erben vom Gericht aufgefunden und eröffnet. Gibt ein Erblasser aus Sicherheitsgründen sein Testament in die amtliche Verwahrung des Nachlassgerichts, muss er seine Geburts- oder Eheurkunde vorlegen. Auf dieser Urkunde ist vermerkt, bei welchem Standesamt unter welcher Registernummer seine Geburt registriert wurde. Das Nachlassgericht meldet nun dem Geburtsstandesamt des Erblassers, dass es ein Testament verwahrt. Zieht der Erblasser in seinem Leben mehrfach in verschiedene Städte um und hinterlegt in jeder Stadt ein Testament beim dortigen Nachlassgericht, ist das auch kein Problem. Jedes Gericht meldet dem Geburtsstandesamt, dass es ein Testament verwahrt.

Verstirbt dann der Erblasser, stellt das zuständige Standesamt die Sterbeurkunde aus. Gleichzeitig ist es verpflichtet, dem Geburtsstandesamt des Erblassers dessen Tod mitzuteilen. Das Geburtsstandesamt benachrichtigt dann wiederum die verschiedenen Nachlassgerichte von Datum und Ort des Ablebens des Erblassers. Die einzelnen Nachlassgerichte eröffnen daraufhin jeweils die bei ihnen hinterlegten Testamente und senden sie an das Nachlassgericht am letzten Wohnort des Erblassers. Diese Behördenwege können zwar einige Wochen in Anspruch nehmen, garantieren aber, dass hinterlegte Testamente aufgefunden und eröffnet werden.

Zuschauerfrage an die Redaktion „Escher. Der MDR-Ratgeber"

Herr T. aus Dresden:

„Wir haben ein wertvolles Grundstück in Familienbesitz. Im Grundbuch steht noch unsere Großmutter. Diese ist beim Bombenangriff auf Dresden umgekommen. Es hieß zwar immer, dass sie ein Testament zu Hause liegen hätte, aber da ihre Wohnung vollständig ausgebrannt war, blieb unklar, was sie verfügt hatte. Deshalb haben meine Mutter und die Kinder ihrer verstorbenen Schwester einen Erbschein nach der gesetzlichen Erbfolge zu je einem halben Anteil beantragt. Zu unserer Überraschung hat das Nachlassgericht im Archiv eine alte, stark verschmutzte Akte mit einem eröffneten Testament der Großmutter gefunden, das sie damals in amtliche Verwahrung gegeben hatte. In diesem alten Testament steht, dass meine Tante Alleinerbin wird und meine Mutter leer ausgeht. Von diesem Testament und seiner Eröffnung noch in den letzten Kriegstagen wussten wir alle nichts. Müssen wir das anerkennen?“

Natürlich müssen Sie prüfen, ob das beim Nachlassgericht vorliegende Testament ordnungsgemäß errichtet wurde. Wenn es keine formalen Mängel aufweist und die Großmutter zum Zeitpunkt der Testamentserrichtung geistig klar war, werden Sie deren letzten Willen wohl oder übel anerkennen müssen. Sie sollten sich anwaltlichen Rat holen. Wenn das Testament wirklich gültig ist, sollten Sie den Erbscheinsantrag zurücknehmen, um zusätzliche Kosten zu vermeiden. Die Kinder der verstorbenen Schwester können dann einen Erbscheinsantrag stellen, wonach die Schwester testamentarische Alleinerbin ist. Deren Kinder, die sie beerbt haben, können sich dann als neue Eigentümer ins Grundbuch eintragen lassen.

Benötige ich einen Erbschein?

Als Erbe müssen Sie sich darüber klar werden, ob Sie bei einem handschriftlichen Testament einen Erbschein benötigen. Befindet sich im Nachlass Immobilienvermögen, also ein Grundstück oder eine Eigentumswohnung, ist ein Erbschein in jedem Fall erforderlich, um das Grundbuch zu berichtigen. Bei einem notariellen Testament genügt meist eine beglaubigte Ablichtung des eröffneten Testamentes mit Eröffnungsprotokoll vom Nachlassgericht zur Regelung aller Formalitäten.

ACHTUNG **GRUNDBUCHBERICHTIGUNG RECHTZEITIG BEANTRAGEN** ACHTUNG

Wird die Grundbuchberichtigung innerhalb von zwei Jahren ab dem Todestag des Erblassers beantragt, ist sie kostenfrei. Wurde diese Frist versäumt, entsteht für die Berichtigung eine Gebühr.

Befindet sich kein Immobilienvermögen im Nachlass, benötigen Sie nicht unbedingt einen Erbschein. Das hängt vor allem davon ab, ob vorhandene Bankguthaben ohne Erbschein aufgelöst oder umgeschrieben werden können.

GESPRÄCH MIT DER BANK SUCHEN

Suchen Sie vor einem Erbscheinsantrag das Gespräch mit der Bank. Schließlich verursacht ein Erbschein dem Erben Kosten. Bei kleineren Guthaben bestehen Banken häufig nicht auf der Vorlage eines Erbscheins. Möglicherweise reicht der Bank die beglaubigte Ablichtung des eröffneten Testaments mit dem offiziellen Eröffnungsprotokoll des Nachlassgerichts.

Für die Beantragung eines Erbscheins müssen beim Nachlassgericht die persönlichen Verhältnisse des Erblassers nachgewiesen werden. Das bedeutet beispielsweise, dass außer der Sterbeurkunde des Erblassers dessen Eheurkunde, ggf. ein Scheidungsurteil bzw. die Sterbeurkunde des vorverstorbenen Ehegatten und die Geburtsurkunden seiner Kinder vorgelegt werden müssen. Diese Urkunden sollte man beizeiten zusammensuchen, wenn ein Erbschein benötigt wird. Dabei kann es sich herausstellen, dass diese Urkunden in der Familie nicht vorhanden oder nicht auffindbar sind. Die entsprechenden Geburts-, Sterbe- oder Eheurkunden stellt jeweils das Standesamt aus, bei dem der Fall damals registriert wurde. Bei der Beantragung von Urkunden müssen Sie Ihr rechtliches Interesse an dieser Urkunde nachweisen. Damit soll verhindert werden, dass aus purer Neugier Einsicht in fremde Urkunden genommen wird.

Wenn Urkunden aus dem Ausland beschafft werden müssen

Schwierig kann es werden, wenn Urkunden aus dem Ausland beschafft werden müssen. Insbesondere dann, wenn beispielsweise eine Geburtsurkunde aus dem damaligen Schlesien beschafft werden muss, stehen die Erben häufig vor Problemen. Befindet sich diese Urkunde nicht in Familienbesitz, können Sie versuchen, über das Standesamt I in Berlin die Urkunde zu bestellen. Dort sind in Archiven alte Urkunden aus diesen Gebieten vorhanden, leider jedoch nicht vollständig. Den Versuch sollten Sie aber zunächst unternehmen: www.berlin.de/standesamt1/urkunden/reg:urk_sammlung.html.

Ist die Nachfrage beim Standesamt I erfolglos, können Sie versuchen, die Urkunde durch ein entsprechendes kirchliches Zeugnis wie beispielsweise das Taufzeugnis zu ersetzen. Ist eine Urkunde nicht zu beschaffen, kann das Nachlassgericht ein solches Zeugnis anerkennen. In manchen Fällen kann das Pfarramt im heutigen Polen oder in der Tschechischen Republik weiterhelfen. Einige alte Kirchenbücher befinden sich jedoch nicht mehr im Land. Diese sind zum Teil zentral in Kirchenarchiven gesammelt.

Nicht geklärte Sterbefälle

Es kann vorkommen, dass sich erst anlässlich eines Sterbefalls herausstellt, dass ein anderer Sterbefall in der Familie noch nicht geklärt war. Das kann den Erben im Nachhinein viel Arbeit verursachen.

Zuschauerfrage an die Redaktion „Escher. Der MDR-Ratgeber"

Frau L. aus Wetter:

„Unsere Mutter ist verstorben. Meine Schwester und ich wollen gemeinsam einen Erbschein beantragen. Dazu sollten wir die Sterbeurkunde unseres Vaters vorlegen, der aus dem Krieg nicht zurückgekehrt ist. Wie wir jetzt erfahren haben, hat unsere Mutter ihn nie für tot erklären lassen. Ohne Sterbeurkunde des Vaters erhalten wir jedoch keinen Erbschein. Was müssen wir jetzt veranlassen?“

Es ist menschlich verständlich, dass sich Ihre Mutter gescheut hat, ihren Ehemann für tot erklären zu lassen. Das müssen Sie jetzt allerdings nachholen. Dazu müssen Sie bei dem Betreuungsgericht, das für den letzten Wohnsitz des Vaters zuständig war, einen Antrag stellen. Da innerhalb des Verfahrens einige Wartefristen eingehalten werden müssen und auch eine Veröffentlichung im Bundesanzeiger erforderlich ist, müssen Sie damit rechnen, dass das Verfahren einige Monate dauert. Ist Ihr Vater in diesem Verfahren für tot erklärt worden, ersetzt der entsprechende Beschluss des Gerichts die Sterbeurkunde.

Wenn mehr als eine Person erbt

Existieren mehrere Erben, spricht man von einer Erbengemeinschaft. Innerhalb dieser Erbengemeinschaft müssen sich die einzelnen Miterben darüber verständigen, wie geteilt und wie ggf. der Nachlass bis dahin verwaltet werden soll. Es gibt Erbengemeinschaften, die alle anstehenden Probleme allein und friedlich lösen können. Bahnt sich jedoch Streit an, sollten Sie rechtzeitig anwaltlichen Rat einholen, um nichts falsch zu machen.

Einschränkungen des Erbes

Wer Erbe ist, kann noch lange nicht sicher sein, dass er alles behalten darf. Wenn es ein Testament gibt, kann dieses Vermächtnisse enthalten, die der Erbe erfüllen muss. Erbe und Vermächtnisnehmer sollten sich möglichst zeitig abstimmen.

Außerdem können beispielsweise enterbte Kinder Pflichtteils- oder Pflichtteilsergänzungsansprüche geltend machen. Ist mit der Geltendmachung eines Pflichtteils zu rechnen, sollten Sie als Erbe gleich von Anfang an alle Belege und Quittungen für die Kosten aufbewahren. Auch sonstige Nachweise für vorhandene Konten oder übrige Nachlasswerte sollten Sie zügig sichten und auflisten.

Die Erbschaftsteuer

Schließlich ist noch an das Finanzamt zu denken, an das ggf. eine Erbschaftsteuer zu zahlen ist. Aber keine Angst: In vielen Fällen wird am Ende keine Erbschaftsteuer zu entrichten sein. Unter nahen Verwandten ist meist aufgrund von relativ hohen Freibeträgen keine Erbschaftsteuer zu bezahlen.

Zuschauerfrage an die Redaktion „Escher. Der MDR-Ratgeber"

Frau A. aus Hinterhermsdorf:

„Ich bin allein stehend und habe zwei erwachsene Söhne, die einmal alles erben sollen. Mein Sparvermögen ist eher übersichtlich. Da ich jedoch ein kleines Grundstück mit Einfamilienhaus im Wert von 150.000 Euro besitze, mache ich mir große Sorgen, ob meine Söhne nach meinem Tod einmal viel Erbschaftsteuer an den Staat zahlen müssen. Sollte ich den Kindern schnell jetzt schon einen Teil von meinem Grundstück schenken, um Steuern zu sparen?“

Sie können ganz ruhig bleiben: Jedes Ihrer Kinder hat nach der Reform der Erbschaft- und Schenkungsteuer einen Steuerfreibetrag in Höhe von 400.000 Euro. Damit fallen Erbschaftsteuern erst an, wenn der Nachlass größer ist als insgesamt 800.000 Euro. Bis zu dieser Größenordnung müssen Ihre Söhne keine Erbschaftsteuer zahlen. Es gibt keinen Grund, hektisch etwas zu verschenken, um Steuern zu sparen. Ihr Haus ist schließlich das Wertvollste, was Sie besitzen, und damit nicht nur Ihr Dach über dem Kopf, sondern auch zugleich Ihr Notgroschen. Vor der Erbschaftsteuer müssen Sie keine Angst haben.

Das Erbschaft- und Schenkungsteuergesetz hat die Erben in verschiedene Steuerklassen eingeteilt. Wie hoch die Steuerfreibeträge für welche Personen sind, ergibt sich aus der nachstehenden Tabelle.

STEUERFREIBETRÄGE

Verwandtschaftsgrad der Erwerber	Steuerklasse	Persönlicher Freibetrag	Versorgungsfreibetrag	Hausrat	Persönliche Gegenstände
Ehegatte	I	500.000 EUR	256.000 EUR	41.000 EUR	10.300 EUR
Kinder, Stiefkinder, Enkel, sofern das Kind verstorben ist	I	400.000 EUR	0–52.000 EUR je nach Alter	41.000 EUR	10.300 EUR
Enkel, Eltern und Großeltern bei Erbschaft	I	200.000 EUR	---	41.000 EUR	10.300 EUR
Personen der Steuerklasse II und III wie z. B. Eltern und Großeltern bei Schenkung, Geschwister, Nichten und Neffen, Stiefeltern, Schwiegersöhne und -töchter, Schwiegereltern, geschiedene Ehegatten, Lebensgefährten und sonstige Personen	II	20.000 EUR	---	10.300 EUR	im Freibetrag für Haushalt enthalten

Übersteigt der Erwerb durch die Erbschaft die Freibeträge, sind die übersteigenden Beträge zu versteuern. Wie hoch jeweils die Steuer ausfällt, ergibt sich aus der folgenden Tabelle:

STEUERSÄTZE

Wert des steuerpflichtigen Erwerbs bis einschließlich	Steuerklassen	
	I	II + III
75.000,00	7 %	30 %
300.000,00	11 %	30 %
600.000,00	15 %	30 %
6.000.000,00	19 %	30 %
13.000.000,00	23 %	50 %
26.000.000,00	27 %	50 %
und darüber	30 %	50 %

Der eingetragene gleichgeschlechtliche Lebenspartner hat jetzt einen Freibetrag wie ein Ehegatte in Höhe von 500.000 Euro. Was diesen Freibetrag übersteigt, muss er jedoch in Steuerklasse III mit 30 Prozent versteuern.

Die Reform der Erbschaft- und Schenkungsteuer, die am 01.01.2009 in Kraft getreten ist, bringt noch weitere Änderungen mit sich. Insbesondere die Bewertung von Immobilien wurde geändert und hat sich dadurch stärker an deren Verkehrswert orientiert. Damit werden jetzt Immobilien mit einem deutlich höheren Wert in die Berechnung der Steuer einbezogen. Im engen Familienkreis wirkt sich das meist durch die deutlich erhöhten Freibeträge nicht negativ aus. Erbt jedoch eine Nichte das Grundstück ihrer Tante, fallen seit der Reform deutlich höhere Erbschaft- und Schenkungsteuern an.

Auch bei der Vererbung von Unternehmen haben sich Änderungen ergeben. Die steuerliche Bewertung einer Unternehmensnachfolge ist nach der Reform eine schwierige Angelegenheit geworden. Die Neuregelungen durch die Reform sind in der Praxis recht umständlich zu handhaben, sodass Sie sich in diesem Falle unbedingt fachlich kompetenten Rat holen sollten.

Keinesfalls sollten Sie versuchen, beim Finanzamt Nachlassbestandteile zu verschweigen. Das wäre strafbar. Darüber hinaus verfügt das Finanzamt über weit reichende Kontrollmechanismen, mit denen Konten, Immobilien und andere Nachlasswerte erfasst werden können. Im Zweifelsfall sollten Sie beizeiten einen Steuerberater hinzuziehen, wenn eine Erbschaftsteuererklärung beim Finanzamt eingereicht werden muss.

CHECK

CHECKLISTE: WAS TUN IM TODESFALL?

CHECK

Maßnahmen:		Bemerkungen:
Arzt benachrichtigen, Totenschein wird ausgestellt	Ja ☐ Nein ☐	
Die Angehörigen des Verstorbenen benachrichtigen	Ja ☐ Nein ☐	
Bestattungsinstitut anrufen; grundsätzliche Entscheidung über Erd- oder Feuerbestattung sollte getroffen werden	Ja ☐ Nein ☐	
Behörden und insbesondere Versicherungen benachrichtigen	Ja ☐ Nein ☐	
Trauerfeierlichkeiten zur Bestattung organisieren	Ja ☐ Nein ☐	
Trauerfeier ggf. in Gaststätte bestellen	Ja ☐ Nein ☐	
Ggf. Todesanzeige in Zeitung	Ja ☐ Nein ☐	
Schriftliche Benachrichtigung sonstiger entfernterer Angehöriger bzw. Danksagungen nach Trauerfeier	Ja ☐ Nein ☐	

Stichwortverzeichnis

Teil II: Wichtige und nützliche Vorlagen und Muster

Vorbemerkung

Was nützt einem die beste Vorsorgevollmacht oder eine vernünftige Regelung im Rahmen eines Testaments, wenn der Bevollmächtigte oder Erbe nur unter erheblichen Schwierigkeiten die notwendigen Dinge regeln kann, weil er z. B. überhaupt nicht weiß, ob und wie viele Versicherungsverträge etc. bestehen, die ggf. umgehend gekündigt werden müssen.

In diesem Teil haben Sie die Möglichkeit, alle wichtigen Daten geordnet aufzulisten. Hierdurch wird gewährleistet, dass nichts Wichtiges vergessen wird. Ihr Bevollmächtigter bzw. Erbe wird dadurch auch in die Lage versetzt, sich einen raschen Überblick über die weiteren notwendigen Schritte zu verschaffen.

Sie können die einzelnen Formulare und Übersichten aus diesem Buch heraustrennen und in einem separaten „Notfallaktenordner" abheften.

Die einzelnen Formulare und Übersichten sind größtenteils selbsterklärend. Teilweise sind ergänzende Erläuterungen angefügt.

ACHTUNG **ANGABEN REGELMÄßIG ÜBERPRÜFEN** ACHTUNG

Überprüfen Sie Ihre Angaben immer wieder in selbst gesetzten Zeitabständen dahingehend, ob die Daten noch stimmen.

Zur besseren Kontrolle können Sie Ihre Prüfvermerke nachfolgend eintragen:

Datenformulare ausgefüllt am	
Dateninhalte überprüft am	
Dateninhalte überprüft am	
Dateninhalte überprüft am	
Dateninhalte überprüft am	
Dateninhalte überprüft am	
Dateninhalte überprüft am	

Wichtige Unterlagen für den Todesfall

Im Fall meines Todes sofort zu informieren

Folgende nahe Angehörige/Bevollmächtigte/Betreuer sollten im Falle meines Todes sofort benachrichtigt werden:

Name, Adresse, Telefon/Fax/ E-Mail-Adresse	schriftlich	telefonisch

Wer sollte noch informiert werden?

Folgende Freunde, Bekannte, Geschäftspartner sollten im Falle meines Todes benachrichtigt werden:

Name, Adresse, Telefon/Fax/ E-Mail-Adresse	schriftlich	telefonisch

Welche Behörden/Institutionen sollten informiert werden?

Name, Adresse	Telefon	Ansprechpartner
Rentenversicherungsträger		
Versorgungsamt		
Beamtenrechtliche Versorgungsstelle		
Krankenkasse		
Bank/Sparkasse		
Arbeitgeber		
Gemeindeverwaltung		
Kirche		

Wenn ich zu Hause sterbe: Sofort Hausarzt benachrichtigen!

Name des Hausarztes:	
Straße:	
Ort:	
Telefon:	
Falls der Hausarzt nicht erreichbar ist, sofort den ärztlichen Notdienst benachrichtigen.	
Telefon des ärztlichen Notdienstes:	

Meine Personalien und Angaben zu meinen Angehörigen

Familienname:			
Geburtsname:			
Vorname:			
Geburtstag/Ort:			
Staatsangehörigkeit:			
Familienstand:			
Religion:		getauft am:	
Kontakt Kirchen- gemeinde:			
Beruf:			
Telefon-Nr.:			
Personalausweis-Nr.:		Ausstellungsbe- hörde:	
Reisepass-Nr.:		Ausstellungsbe- hörde:	
Führerschein-Nr.:		Ausstellungsbe- hörde:	
Güterstand:			
Zur Aufenthalts- und Wohnsituation:			

Ehegatte:	
Vorname:	
Geburtsname:	
Geburtstag/Ort:	
Staatsangehörigkeit.	
Religion:	
Tag und Ort der Eheschließung:	
Gesetzlicher Güterstand:	
Falls Scheidung: Datum, Aktenzeichen des Gerichts	
Sterbedatum: (falls bereits verstorben)	
Beerdigungsort/Angaben zum Friedhof/ Grabstelle:	
Hinweise zum beruflichen Werdegang, Schulabschlüsse, Prüfungsunterlagen/Zeugnisse, Titel, Berufs- oder Amtsbezeichnung:	
Sonstige Hinweise zur Person:	

Kinder:	
Name, Vorname:	
Anschrift:	
Telefon/Fax/E-Mail:	
Geburtstag/Ort:	
Verheiratet:	
Name des Ehepartners:	
Name, Vorname:	
Anschrift:	
Telefon/Fax/E-Mail:	
Geburtstag/Ort:	
Verheiratet:	
Name des Ehepartners:	
Name, Vorname:	
Anschrift:	
Telefon/Fax/E-Mail:	

Geburtstag/Ort:	
Verheiratet:	
Name des Ehepartners:	
Ergänzende Angaben zu den Kindschaftsverhältnissen:	
Enkel:	
Name, Vorname:	
Anschrift:	
Telefon/Fax/E-Mail:	
Geburtstag/Ort:	
Verheiratet:	
Name des Ehepartners:	
Name, Vorname:	
Anschrift:	
Telefon/Fax/E-Mail:	
Geburtstag/Ort:	

Verheiratet:	
Name des Ehepartners:	
Name, Vorname:	
Anschrift:	
Telefon/Fax/E-Mail:	
Geburtstag/Ort:	
Verheiratet:	
Name des Ehepartners:	
Eltern:	
Name des Vaters:	
Geburtstag/Ort:	
Staatsangehörigkeit:	
Anschrift:	
Eheschließung am/Ort:	

Name der Mutter:			
Geburtstag/Ort:			
Staatsangehörigkeit:			
Anschrift:			
Sterbedatum (falls bereits verstorben):			
Beerdigungsort/Angaben zum Friedhof/Grabstelle:			
Geschwister:			
Name, Vorname:			
Anschrift:			
Telefon/Fax/E-Mail:			
Geburtstag/Ort:			
Falls verstorben, deren Kinder: Name, Vorname:			
Anschrift:			
Telefon/Fax/E-Mail:			
Geburtstag/Ort:			

Meine persönlichen Unterlagen: Aufbewahrungsorte

Persönliche Unterlagen	Aufbewahrungsort/Abgelegt wo?
Ausweispapiere etc.	
Ausweis (Personalausweis, Reisepass)	
Familienstammbuch	
Geburtsurkunden, Heiratsurkunden	
Pkw-Papiere (Kfz-Brief/ Kfz-Schein)	
Erteilte Vollmachten/Vorsorge-vollmacht/Patientenverfügung	
Steuerangelegenheiten/Schrift-wechsel/Steuernummer/Bera-ter/Gebühren/Abgaben für Wohnsitzgemeinde	
Versicherungspapiere	
Ordner/Schriftwechsel/Policen	
Haus/Wohnungsunterlagen	
Ordner Hausbau/ Hausverwaltung	
Mietvertrag/Mietunterlagen	
Persönlicher Schriftwechsel	
Bankunterlagen/ Passwörter/PIN-Nr.	
Urkunden/Schriftwechsel	

Persönliche Unterlagen	Aufbewahrungsort/Abgelegt wo?
Kontoauszüge	
Sparbücher	
Privatkorrespondenz	
Privater Schriftwechsel	
Rechnungen/Kaufunterlagen	
Sonstiges	
Geschäftskorrespondenz	
Verträge/Schriftwechsel	
Steuerunterlagen	
Unterlagen für den Todesfall/vorgesehenes Bestattungsinstitut mit weiteren Hinweisen	
Verwahrungsort/Hinterlegungsstelle Testament	
Erbvertrag/Originalurkunde	
Anweisungen für den Todesfall/zur Bestattung	
Vorhandene Grabstätte	

Meine Unterlagen für den Todesfall: Aufbewahrungsorte

Unterlagen	Aufbewahrungsorte
Geburtsurkunde (bei Ledigen)	
Stammbuch	
Heiratsurkunde oder Familienstammbuch	
Sterbeurkunde des Ehepartners	
Scheidungsurteil	
Personalausweis/Reisepass/ Führerschein	
Krankenkassenunterlagen/ Versicherungskarte	
Versicherungsverträge	
Rentenunterlagen	
Beamtenversorgungsunterlagen	
Hinweise zur Bestattung/für Bestattungsunternehmen	
Testament/Erbverträge/ letztwillige Verfügungen	
Bankunterlagen/Kontoauszüge	
Unterlagen zu vorhandenem Grab	
Schlüssel	
Bargeld/Schecks	
Vertragsunterlagen	

Meine finanziellen Verhältnisse

Vermögensübersicht/Guthaben

Bankkonten

Bankinstitut, Anschrift	Konto-Nr.	Ansprechpartner/ Telefon
Verfügungsberechtigungen/ erteilte Vollmachten für:		
	Kreditkarteninstitut:	**Kreditkartennummer:**
EC-Karten:		
Kreditkarten:		

Erteilte Daueraufträge/Einzugsermächtigungen

Bankinstitut, Anschrift	Konto-Nr., Fälligkeiten, Betrag	Empfänger, Zweck wofür?
Besondere Verfügungsberechtigungen/Vollmachten?		

Weitere Hinweise	Stornierungstermine	Ansprechpartner

Sonstige Konten/Festgeldanlage

Bankinstitut, Anschrift	Ansprechpartner/ Telefon	Konto-Nr.
Verfügungsberechtigungen/ Vollmachten?		

Sparkonten/Anlagen

Bankinstitut, Anschrift	Konto-Nr.	Verfügungsberechtigte/ Sperrvermerke	Aufbewahrungsort der Unterlagen
Hinweise			

Vermögenswirksame Leistungen

Institut, Anschrift	Konto-Nr.	Fälligkeit/ Auszahlung	Höhe	Anlageform
Staatl. Zulagen beantragt?				

Anlage nach »Riester-Rente«

Institut, Anschrift	Konto-Nr.	Fälligkeit/ Auszahlung	Höhe	Anlageform
Staatl. Zulagen beantragt?				

Wertpapierdepots

Bankinstitut, Anschrift	Ansprechpartner/ Telefon	Konto-Nr.
Verfügungsberechtigungen		

Bankschließfach

Bankinstitut, Anschrift	**Schließfach-Nr.**	**Schlüsselaufbewahrung/ Kennwort wo?**
Verfügungsberechtigungen/Vollmachten für:		

Postbank-Konten

Postbank, Anschrift	**Konto-Nr.**	**Auszahlungs-Postamt**	**Verwahrung Bankkarte**
Verfügungsberechtigungen/Vollmachten für:			
EC-Karten vorhanden?			
Konto-Nr.	Aufbewahrungsort:		Pin/Tan:

Postbank-Sparanlagen

Konto-Nr.	Verwahrungsort Unterlagen	Zuständige Postbank-stelle
Verfügungsberechtigungen:		

Sonstige Kreditkarten/Tankkarten/Rabattkarten/Einkaufskarten

Institut/ Unternehmen	Verwahrungsort Karte	Kontounterlagen wo?
Doppelkarte für:		

Bausparguthaben

Bauspar-kasse, Anschrift	Nr. des Ver-trags	Bausparsum-me/Wert	Zuteilungsreif voraussicht-lich	Guthaben-stand
Zulage/ Prämie?				
Hinweise:				

Wertpapiere (Selbstverwahrung)

Aufbewahrungsort	Bankverbindung	Dividenden und Zinsfälligkeitstermine
Hinweise		

Freistellungsaufträge für Zinsabschlag

Für folgende Banken/Kreditinstitute/Bausparkassen	Konto-Nr.	Höhe des Freistellungsvolumens	Kopien befinden sich	Geltungsdauer:
Hinweise				

Einzelhinweise für erteilte Bankvollmachten

Für welche Konten? Bank/Institut	Name/Anschrift des Bevollmächtigten	Umfang der Vollmacht	Hinterlegungsort der Vollmacht
Hinweise:			

Verträge zu Gunsten Dritter/Sperrfristen

Für welche Konten? Bank/Institut	Name/Anschrift des Begünstigten	Betrag	Ansprechpartner/zuständige Geschäftsstelle
Hinweise:			

Gesellschaftsanteile/Genossenschaftsanteile/Kapitalbeteiligungen

Name/Anschrift der Gesellschaft	Höhe	Aufbewahrungsort d. Vertr.-Unterlagen	Fälligkeit Auszahlungstermin	Bankverbindung
Hinweise:				

Sonstige Beteiligungen/Abschreibungsgesellschaften

Name/Anschrift der Gesellschaft	Höhe	Aufbewahrungsort des Vertrags-/Steuerunterlagen	Bankverbindung
Hinweise:			

Sonstige Forderungen/Guthaben

Darlehensforderungen

Darlehensschuldner	Höhe des Darlehns	Zinstermine	Fälligkeiten	Unterlagen befinden sich
Sicherheiten:				

Sparbriefe/Investmentverträge/Fondsbeteiligungen

Bank/Institut	Konto-Nr.	Guthabenstand	Aufbewahrungsort d. Unterlagen
Hinweise:			

Besondere Wertgegenstände

Gegenstand	Aufbewahrungs-ort	Wert	Liegt Verfügung von Todes wegen vor? Für wen?
Hinweise:			

Grundbesitz (Privatbereich)

Lage	Flst.-Nr.	Belastungen	Wertangaben	Aufbewah-rungsort d. Unterlagen
Sicherheiten				

Hinweise zur Verwaltung/Hausmeister etc.

Ansprechpartner	Telefon/Fax	Vorgang
Sonstiges		

Wohnrechte/Nutzungsrechte/Gartennutzung etc.

Name/Anschrift	Vorgang
Hinweise:	

Mietverträge

Für Wohnung	Name des Mieters	Vertragsunterlagen wo?
Hinweise für Mietkonto:		

Sozietätsverträge/Büro-Praxisgemeinschaft/sonstige Beteiligungen

Unternehmen/ Gemeinschaft	Höhe der Beteiligung	Ansprechpartner/ Beteiligte	Aufbewahrungsort d. Unterlagen
Hinweise zu Laufzeit/ finanzielle Belastung:			

Der Versicherungsbereich

Lebensversicherungen

Gesellschaft, Anschrift	Vers-Nr.	Vers.-Summe	Bezugsberechtigung	Prämienzahlung über Kto.

Hinweise für Abtretungen, Beleihungen/sonstige Vertragsbesonderheiten:
Verträge, die bei Unfalltod doppelte Versicherungssummen vorsehen:
Mitversicherte Personen:
Anfallberechtigte bei Todesfall:

Fälligkeitstermine lt. Vertrag:

Vers.-Nr.	Vers.-Nr.	Vers.-Nr.	Vers.-Nr.

Hinweise:

Sterbekassen/Vorsorgeeinrichtungen/reine Sterbegeldversicherung

Gesellschaft, Anschrift	Vers.-Nr.	Vers.-Summe	Bezugsberechtigung	Prämienzahlung über Kto.
Hinweise:				

Weitere Versicherungen mit Leistungen auf den Todesfall

Gesellschaft, Anschrift	Vers.-Nr.	Vers.-Summe	Bezugsberechtigung	Vertragspartner
Hinweise:				

Unfallversicherungen

Gesellschaft, Anschrift	Vers.-Nr.	Vers.-Summe	Bezugsberechtigung	Prämienzahlung über Kto.
Hinweise/andere versicherte Personen:				

Betriebliche Unfallversicherungen

Gesellschaft, Anschrift	Vers.-Nr.	Vers.-Summe	Bezugsbe-rechtigung	Prämienzah-lung über Kto.
Hinweise/andere versicherte Personen:				

Gesetzliche Rentenversicherung

Versicherungs-träger	Vers.-Nr. Rentenart	Rentenanspruch lt. Bescheid v.	Aufbewahrungs-ort für Rentenun-terlagen, Versi-cherungsheft, Nachweise etc.
Hinweise:			

Pensionen/Zusatzrente (VBL)

Besoldungsstelle	Personal-Nr.	Ansprechpartner	Aufbewahrungsort
Hinweise:			

Ansprüche aus betrieblicher Altersversorgung

Arbeitgeber, Anschrift	Träger o. Vers.-Nehmer	Pers.-Nr./ Vers.-Nr.	Leistungsumfang, soweit bekannt	Bezugsberechtigung	Anwartschaft seit
Hinweise:					

Berufsständische Versorgungseinrichtungen

Träger (Anschrift)	Vers.-Nr.	Art der Leistung	Bezugsberechtigung
Hinweise:			

Private Renten (von Versicherungen/Leibrenten o. Ä.)

Verpflichteter (Anschrift)	Art der Rente	Laufzeit	Unterlagen
Hinweise:			

Krankenversicherungen

Name/Anschrift der Gesellschaft	Mitglieds-/ Vers.-Nr.	Art der Leistung	Mitversicherte Personen
Hinweise:			

Zusatzversicherungen/Pflegeversicherung/ Krankenhaustagegeld

Name/Anschrift der Gesellschaft	Mitglieds-/ Vers.-Nr.	Art der Leistung	Mitversicherte Personen
Hinweise:			

Sachversicherungen

Hausratversicherung

Name/Anschrift der Gesellschaft	Vers.-Nr.	Vers.-Summe	Prämienpflicht/ Laufzeit
Hinweise:			

Haftpflichtversicherungen

Immobilien/Hauseigentümer

Name/Anschrift der Gesellschaft	Vers.-Nr.	Vers.-Summe	Prämienpflicht/ Laufzeit
Hinweise:			

Privathaftpflicht

Name/Anschrift der Gesellschaft	Vers.-Nr.	Vers.-Summe	Prämienpflicht/ Laufzeit
Hinweise:			

Tierhalterhaftpflicht

Name/Anschrift der Gesellschaft	Vers.-Nr.	Vers.-Summe	Prämienpflicht/ Laufzeit
Hinweise:			

Kfz-Haftpflicht

Name/Anschrift der Gesellschaft	Vers.-Nr.	Vers.-Summe	Prämienpflicht/ Laufzeit
Hinweise:			

Sonstige Versicherungen

Name/Anschrift der Gesellschaft	Vers.-Nr.	Vers.-Summe	Prämienpflicht/ Laufzeit
Hinweise:			

Zahlungsverpflichtungen/Verbindlichkeiten

Bitte ergänzen mit erteilten Einzugsermächtigungen/Lastschriften/Daueraufträgen und daraus resultierender finanzieller Belastungen entsprechend der Übersicht unter »Banken«!

Bankdarlehen

Bankinstitut	Kredit/ Kto.-Nr.	Laufzeit/ zahlbar am	über Konto	Sicherheiten/ Restkreditver- sicherungen
Hinweise:				

Immobilienkredite

Gläubiger	Darlehens- betrag	Fälligkeiten	Abbuchung über Konto	Grundpfand- rechte hierfür
Hinweise:				

Privatdarlehen

Gläubiger	Darlehensbetrag	Lfd. Rückzahlungsbetrag ab wann	Abbuchung über Konto
Hinweise:			

Bauspardarlehen

Bausparkasse	Mitgl.-Nr.	Zahlungsbeträge fällig zum	Abbuchung über Konto	Darlehenshöhe/Laufzeit
Hinweise:				

Ratenzahlungsverträge privat

Gläubiger/Vertragspartner	Zahlungen fällig zum	Abbuchung über Konto	Gesamtkredltbetrag
Hinweise:			

Bürgschaften

Bürgschaft für	Höhe des Betrags	Höhe/Zeitdauer	Besondere Vereinbarungen/ Versicherungen
Hinweise:			

Entliehene Gegenstände

Gegenstand	Berechtigter	Rückgabe-vereinbarung	Unterlagen
Hinweise:			

Leasingverträge

Für Vertragspartner	Gegenstand	Vertragsunterlagen wo?
Hinweise für Laufzeit/Zahlungsweise:		

Mietverträge/Pachtverträge etc.

Wohnung/ Haus in	Mietzins mtl.	Kündigungs-frist/ Mietdauer	Vermieter	Kautions-leistungen wo angelegt?
Hinweise:				

Energieversorgung (Wasser/Strom/Gas etc.)

Gesellschaft, Adresse, Telefon/Fax	Abrechnungsmodus	mtl. Belastung/ Zahlungsabwicklung

Telefon/Handy-Vertrag/Internet/sonstige Kommunikationsleistungen

Gesellschaft, Adresse, Telefon/Fax	Gegenstand	mtl. Belastung/ Zahlungsverfahren

Gesellschaft, Adresse, Telefon/Fax	Gegenstand	mtl. Belastung/ Zahlungsverfahren

Radio/Fernsehen und GEZ und sonstige medienabhängige Abonnements/ Pay TV

Anschrift	Teilnehmer-Nr.	Abbuchung/Dauerauftrag f. Konto/Betrag
Hinweise/ Fälligkeitstermine:		

Vereinsmitgliedschaften

Verein, Anschrift	Kontaktpersonen (Schriftführer, Vorstand etc.)	Besondere Vereinbarungen (Rückgabe vereinseigener Gegenstände etc.)	Abbuchung der Beiträge über Konto
Hinweise/Mitgliedschaftsnummern:			

Gewerkschaften/Verbandszugehörigkeiten

Anschrift	Kontaktpersonen	Besondere Leistungen	Abbuchung der Beiträge über Konto
Hinweise/Mitgliedschaftsnummern:			

Dauerabonnements

Gegen-stand	Kunden-/ Mitgl.-Nr.	Betrag/ Fälligkeit	Abbuchung über Konto	Vertrags-laufzeit bis	Aufbewah-rungsort der Ver-tragsunter-lagen
Hinweise:					

Mein persönlicher Notfallausweis

Für den Fall einer schweren Erkrankung, eines Unfalls und erkennbarer Beeinträchtigung meiner körperlichen/geistigen Leistungsfähigkeit weise ich von meiner Seite aus darauf hin, dass eine

Zutreffendes bitte ankreuzen:

- Patientenverfügung ❑
- Vorsorgevollmacht ❑
- Betreuungsverfügung ❑

erstellt wurde. Diese Verfügungen/Vorgaben und Wünsche sollen von Ärzten, Pflegern und den Krankenhäusern/Pflegeeinrichtungen usw. beachtet werden.

Zu meiner Person:

Name und Geburtsdatum, derzeitige Anschrift/Telefonnr.:

....

....

Die vollständigen Schriftstücke sind hinterlegt/befinden sich bei:

....

....

Eine Registrierung beim zentralen Vorsorgeregister ist zusätzlich erfolgt:

ja ❑

nein ❑

Weitere Hinweise:

....

....

Ich bin Organspender

ja ❑

nein ❑

Im Notfall bitte unbedingt verständigen (Name, Telefon):

....

....

....

(Ort, Datum, eigenhändige Unterschrift)

Vollmacht an Ehepartner

Im Vollbesitz meiner geistigen Kräfte setze
ich, ... (Vorname/Nachname),

geb. am ....,

Anschrift: ....,
für den Fall, dass ich meine Angelegenheiten nicht mehr selbst erledigen kann,

meinen Ehepartner, ...
Vorname/Nachname),

geb. am ....,

Anschrift: ....
zu meinem Bevollmächtigten ein. Die Bevollmächtigung erfolgt auch ausdrücklich zur Vermeidung einer ggf. gebotenen gerichtlichen Betreuung/Betreuereinsetzung.

Diese Vollmacht gilt über meinen Todesfall hinaus. Mein Ehepartner ist damit auch berechtigt, nach meinem Tode die umfassende Vermögensverwaltung und/oder Abwicklung selbst zu übernehmen, dies auch bis zum Abschluss eines etwaigen Erbscheinverfahrens oder einer Testamentsvollstreckung. Diese Bevollmächtigung gilt ausdrücklich auch für Bankgeschäfte jeglicher Art. Die jeweiligen Kreditinstitute sind hierüber zusätzlich informiert.

Ort, Datum ....

....
Eigenhändige Unterschrift

Bankvollmacht

Hiermit erteile ich, ..., geboren am ....,

Vorname/Nachname: ....

geb. am: ....,

wohnhaft: ....

sich ausweisend durch Lichtbildausweis Nr. ....

widerruflich Vollmacht für mein bestehendes Konto Nr. ....

für meine bestehenden Kontoverbindungen Nr. ....

bei der ....-Bank (BLZ ....)
mit Sitz in ....

Der/die Bevollmächtigte ist berechtigt, zugunsten und zulasten meines Kontos/meiner Kontoverbindungen Verfügungen zu treffen.

Diese Vollmacht gilt ausdrücklich über den Todesfall hinaus.

Ort/Datum ....

....

Eigenhändige Unterschrift

Dokumente zur Vorsorgevollmacht und Betreuungsverfügung

Vorsorgevollmacht

Zutreffendes bitte ankreuzen:

Person als Bevollmächtigte

- Ich, ..., geboren am ...., wohnhaft: .... bestelle hiermit für den Fall, dass ich meine Angelegenheiten nicht mehr selbst erledigen kann, zur Vermeidung einer gerichtlichen Betreuereinsetzung folgende Person zu meinem Bevollmächtigten .... geboren am .... wohnhaft: .... ❑
- **oder:** Ich, ..., geboren am ...., wohnhaft: .... bestelle hiermit für den Fall, dass ich meine Angelegenheiten nicht mehr selbst erledigen kann, zur Vermeidung einer gerichtlichen Betreuereinsetzung meine Ehefrau .... wohnhaft ebenda, zu meiner Bevollmächtigten. ❑
- **ggf. und:** Sollte .... nicht in der Lage oder nicht bereit sein, meine Vertretung zu übernehmen, benenne ich hiermit folgende Person und bevollmächtigte diese: Herrn/Frau .... geboren am .... wohnhaft: .... ❑

Vertretungsumfang

- Er/Sie ist befugt, mich zu vertreten: ❑
  Soweit gesetzlich möglich, in allen persönlichen Angelegenheiten, auch soweit sie meine Gesundheit betreffen, sowie in allen Vermögens-, Steuer- und Rechtsangelegenheiten. Hierzu gehören insbesondere:

  ....

  ....
- **oder:** Er/Sie ist befugt, mich zu vertreten: ❑
  Soweit gesetzlich möglich, in allen persönlichen Angelegenheiten, auch soweit sie meine Gesundheit betreffen. Hierzu gehören insbesondere:

  ....

  ....
- **oder:** Er/Sie ist befugt, mich zu vertreten: ❑
  Soweit gesetzlich möglich in allen Vermögens-, Steuer- und Rechtsangelegenheiten. Hierzu gehören insbesondere:

- Alle Vermögensangelegenheiten, insbesondere die Verfügung über meine vorhandenen Konten bei Banken. Entsprechende Kontovollmachten meiner Banken sind dieser Vollmacht beigefügt.
- Alle Vertragsangelegenheiten, insbesondere Kündigung, Abwicklung und Abschluss von Verträgen.
- Alle Wohnungsangelegenheiten, insbesondere Kündigung, Verwaltung und Abwicklung des Mietverhältnisses der von mir bewohnten Wohnung, aber auch anderer in meinem Eigentum stehenden Immobilien und Wohnungen.
- Die Verfügung über meine sonstigen Vermögensgegenstände, insbesondere Verkauf, Verwaltung und/oder Auflösung.
- Meine Gesundheitsfürsorge, insbesondere die Sorge für eine Pflege bzw. den Abschluss von Pflegeverträgen bzw. Heimverträgen o. ä.
- Mein Patiententestament, das beigefügt ist, regelt hier meine Wünsche und meinen Willen.
- Meine Renten- bzw. Versorgungsangelegenheiten, insbesondere die Verhandlung über bzw. Beantragung von Renten, Versorgungsbezügen, Hilfe zum Leben o. ä.
- Alle geschäftsähnlichen Handlungen.
- Alle Verfahrenshandlungen jedes Rechtszweigs außergerichtlich und gerichtlich.
- Maßnahmen nach § 1906 Abs. 1 und Abs. 4 BGB.
- Die Bestimmung meines tatsächlichen und/oder gewöhnlichen Aufenthalts jedweder Art.

Ausdrücklich nehme ich von dieser Vollmacht folgende Handlungen aus:

....

....

Die Vollmacht ist stets widerruflich.

Im Todesfall:

- Die Vollmacht soll durch meinen Tod nicht erlöschen. Die Bevollmächtigung umfasst also auch die Vermögensverwaltung und/oder Abwicklung nach meinem Tode bis zum Abschluss eines etwaigen Erbscheinverfahrens oder einer Testamentsvollstreckung. ❑
- **oder:** Die Vollmacht erlischt mit meinem Tode. ❑
- **oder:** Die Vollmacht beginnt mit meinem Tode. Der Bevollmächtigte soll die Vermögensverwaltung und -sicherung bis zum Abschluss eines etwaigen Erbscheinverfahrens oder der Bestellung eines Testamentsvollstreckers übernehmen. ❑

Bei allen Handlungen und Erklärungen für und/oder gegen mich muss und soll der Bevollmächtigte das Original dieser Vorsorgevollmacht mit sich führen und gegebenenfalls vorlegen können.

Organisatorisches

- Der Bevollmächtigte erhält für seine Tätigkeit einen monatlichen Geldbetrag in Höhe von .... EUR als Aufwendungsersatz. ❑
- **ggf. und:** Der Bevollmächtigte ist von den Bestimmungen des § 181 BGB befreit. ❑
- **ggf. und:** Der Bevollmächtigte soll in meinem Namen folgende Handlungen/Schenkungen/.. vornehmen: ❑

  ....
- **ggf. und:** Der Bevollmächtigte haftet lediglich für Vorsatz und grobe Fahrlässigkeit. Von einer weiteren Haftung mir gegenüber ist er befreit. Dies wird einvernehmlich vereinbart. ❑
- **ggf. und:** Sollte ein Kontrollbetreuer nach § 1896 Abs. 3 BGB ernannt werden, wünsche ich, dass diese Aufgabe folgende Person übernimmt: ❑

  Herr/Frau ...., geboren am ....

  wohnhaft: ....

  ...., den ....

  ....

  Unterschrift des Vollmachtgebers

Zeugenbestätigung

Ich bestätige mit meiner Unterschrift, dass Herr/Frau .... obige Vorsorgevollmacht eigenhändig und im Vollbesitz seiner/ihrer geistigen und körperlichen Kräfte verfasst hat und er/sie dies selbstbestimmt und ohne jeglichen äußeren Einfluss verfügte.

Zeuge/Zeugin: Herr/Frau ....

geboren am: ...., wohnhaft: ....

....

Unterschrift(en) der Zeugin/des Zeugen/

Vorsorgevollmacht mit Generalvollmacht und Betreuungsverfügung

Ich, ..., geboren am ....,

wohnhaft in ....,

im Vollbesitz meiner geistigen Kräfte, will in Ausübung meines Selbstbestimmungsrechts Vorsorge dafür treffen, dass geschäftliche und persönliche Angelegenheiten aller Art jetzt und künftig in meinem Namen erledigt werden können und zwar auch dann, wenn ein Eigenhandeln infolge körperlicher oder geistiger Behinderung oder infolge Ortsabwesenheit oder anderweitiger Verhinderung nicht möglich sein sollte. Damit soll Fremdbestimmung, wie sie das Betreuungsrecht vorsieht, vermieden werden, dass somit möglicherweise fremde Personen für mich Entscheidungen in meinen persönlichen Angelegenheiten treffen. Die nachfolgenden Vollmachten und Verfügungen sollen aber unabhängig von meiner persönlichen Situation sofort wirksam sein. Dies vorausgeschickt, erkläre und erteile ich hiermit folgende

umfassende Allgemeinvollmacht

und Vorsorgevollmacht

mit Betreuungsverfügung.

Im Todesfall:

Zutreffendes bitte ankreuzen

- Diese Vollmachtserteilungen sollen durch meinen Tod nicht erlöschen. Die Vollmacht ist stets widerruflich. Die Bevollmächtigung umfasst also auch die Vermögensverwaltung und/oder Abwicklung nach meinem Tode bis zum Abschluss eines etwaigen Erbscheinverfahrens oder Beginn einer Testamentsvollstreckung, soweit mit den legitimierten Erben keine anderweitige Vereinbarung getroffen wird. ☐
- **oder:** Diese Vollmacht erlischt mit meinem Tode, sie ist an meine/n Erben herauszugeben. ☐

§ 1 Allgemeine Vollmacht

Ich, ..., geboren am ....,

wohnhaft in ....,

bestelle zu meine...... Bevollmächtigte......

...., geboren am ....,

wohnhaft in ....,

und ermächtige sie/ihn, mich in allen meinen Angelegenheiten gerichtlich und außergerichtlich gegenüber Behörden, Gerichten, Kreditinstituten sowie natürlichen und juristischen Personen ohne Ausnahme zu vertreten. Dies für den Fall, dass ich meine Angelegenheiten nicht mehr selbst erledigen kann.

Sollte mein...... Bevollmächtige...... aus tatsächlichen oder gesundheitlichen Gründen nicht in der Lage sein, meine Vertretung zu übernehmen, benenne ich hiermit folgende Person meines Vertrauens und bevollmächtige diesen:

...., geboren am ....,

wohnhaft in ....,

Die Bestellung meines Ersatzbevollmächtigten gilt auch für den Fall, dass .... zur Vollmachts- und Vertretungsübernahme nicht bereit ist.

D...... Bevollmächtigte...... ist berechtigt, jede Rechtshandlung, die ich selbst vornehmen oder die ein Stellvertreter gesetzlich für mich vornehmen könnte, für mich und mit derselben Wirkung vorzunehmen, als wenn ich sie selbst vorgenommen hätte.

D...... Bevollmächtigte ist von den Beschränkungen des § 181 BGB befreit, kann mich also auch bei Rechtsgeschäften mit sich selbst oder als Vertreter eines Dritten vertreten. Ich bin mir der Bedeutung dieser Befreiung und der damit unter Umständen verbundenen Risiken bewusst.

D...... Bevollmächtigte darf die allgemeine Vollmacht nach § 1 ganz oder teilweise übertragen, Untervollmachten erteilen.

Die Vollmacht dient auch der Vermeidung einer notwendigen Betreuung, ansonsten sollte das zuständige Vormundschaftsgericht nach § 1897 Abs. 4 BGB dies als verbindlichen Vorschlag für eine Betreuereinsetzung unbedingt berücksichtigen, auf die fürsorglich hierzu abgefasste Betreuungsverfügung darf ich ergänzend hinweisen.

Die Vollmacht bleibt daher in Kraft, wenn ich nach ihrer Errichtung geschäftsunfähig geworden bin.

Die Vollmacht berechtigt zur Vornahme aller Rechtshandlungen und Rechtsgeschäfte im Namen des Vollmachtgebers im In- und Ausland, insbesondere – ohne dass durch die folgende beispielhafte Aufzählung die umfassende Vollmacht eingeschränkt wird –

- zur Verfügung über Vermögensgegenstände jeder Art, zum Erwerb und zur Verwaltung von Vermögensgegenständen, insbesondere Verkauf,
- zur Verfügung über Bankkonten, Depots und sonstiges Geldvermögen und zur Regelung aller Bankgeschäfte (entsprechende Konto-/Bankvollmachten bei meinen Kreditinstituten sind dort hinterlegt),
- zur Vertretung gegenüber Versicherungsgesellschaften und gegenüber den Behörden, Dienststellen der Renten- und Sozialträger, Versorgungseinrichtungen o. Ä.,
- zur Regelung sämtlicher Steuerangelegenheiten und zu sämtlichen Erklärungen gegenüber Finanzbehörden oder eingeschalteten Beratern,

- zum Abschluss und der damit verbunden Aufenthaltsbestimmung und zur Auflösung von Heimverträgen, zur Vertretung gegenüber der jeweiligen Heimleitung,
- zu sämtlichen Prozesshandlungen und allen Verfahrenshandlungen jedes Rechtszweigs, außergerichtlich und gerichtlich,
- zu allen Vertragsangelegenheiten, insbesondere Kündigung, Abwicklung und Abschluss von Verträgen,
- zur Vertretung in allen Wohnungsangelegenheiten, insbesondere Kündigung, Verwaltung und Abwicklung von Mietverhältnissen, aber auch anderer in meinem Eigentum stehenden Immobilien und Wohnungen,
- zu Maßnahmen nach § 1906 Abs. 1 und Abs. 4 BGB,
- im Post- und Fernmeldeverkehr auch für mich bestimmte Poststücke, Nachrichten etc. entgegenzunehmen, diese zu öffnen und alle damit zusammenhängenden Willenserklärungen abzugeben,

Bei allen Handlungen und Erklärungen für und/oder gegen mich muss und soll d...... Bevollmächtigte das Original dieser Vorsorgevollmacht mit sich führen und gegebenenfalls vorlegen können.

D...... Bevollmächtigte haftet lediglich für Vorsatz und grobe Fahrlässigkeit. Von einer weiteren Haftung mir gegenüber ist sie/er befreit. Dies wird einvernehmlich vereinbart.

D...... Bevollmächtigte hat ein von mir unterzeichnetes Original dieser Vollmacht erhalten, eine Kopie befindet sich in meinen persönlichen Unterlagen

§ 2 Vorsorgevollmacht

Ich bevollmächtige d...... vorgenannte...... Bevollmächtigte...... außerdem, mich in meinen persönlichen Entscheidungen über mein Wohlergehen, über ärztliche Maßnahmen jeder Art, über meinen Aufenthalt sowie gegebenenfalls über den Abschluss, die Änderung und Beendigung von Heimverträgen in jeder Weise zu vertreten.

Diese Vorsorgevollmacht berechtigt auch

1. zu Einwilligungen in eine Untersuchung des Gesundheitszustands, eine Heilbehandlung oder einen ärztlichen Eingriff, wenn die begründete Gefahr besteht, dass ich aufgrund der Maßnahme sterben oder einen schweren und länger dauernden gesundheitlichen Schaden erleiden kann; dies gilt jedoch nur, wenn die Maßnahmen mit den in der separaten, am .... eigenhändig errichteten Patientenverfügung geäußerten Wünschen vereinbar sind;
2. zur Abgabe und Durchsetzung aller in meiner Patientenverfügung formulierten Erklärungen gegenüber den behandelnden Ärzten/dem Pflegepersonal; somit auch, wenn ergänzend erforderlich, die Erteilung der Einwilligung in alle von ärztlicher Seite aus vorgesehenen Behandlungen, Eingriffe, auch wenn entsprechend meinem Willen in der Patientenverfügung ein vorzeitiger Sterbefall eintreten

sollte. Es darf damit auch, soweit ergänzend notwendig, die Einwilligung zum Abbruch oder Unterlassen von lebensverlängernden Maßnahmen erteilt werden.

3. zu einer Unterbringung, die mit Freiheitsentziehung verbunden ist, dies jedoch nur, solange sie zu meinem Wohl erforderlich ist,
   a) weil aufgrund einer psychischen Krankheit oder geistigen oder seelischen Behinderung die Gefahr besteht, dass ich mich selbst töte oder mir erheblichen gesundheitlichen Schaden zufüge, oder
   b) weil eine Untersuchung des Gesundheitszustands, eine Heilbehandlung oder ein ärztlicher Eingriff notwendig ist, ohne meine Unterbringung nicht durchgeführt werden kann und ich aufgrund einer psychischen Krankheit oder geistigen oder seelischen Behinderung die Notwendigkeit der Unterbringung nicht erkennen oder nicht nach dieser Einsicht handeln kann,
4. dazu, mir durch mechanische Vorrichtungen, Medikamente oder auf andere Weise über einen längeren Zeitraum oder regelmäßig die Freiheit zu entziehen, wenn ich mich in einer Anstalt, einem Heim oder einer sonstigen Einrichtung aufhalte, ohne untergebracht zu sein.
5. Soweit diese Maßnahmen zu meinem Wohle erforderlich sind.

Dies unabhängig davon ob der/die Bevollmächtigte ggf. zu bestimmten Maßnahmen und Handlungen nach § 1904 und § 1906 BGB der vormundschaftsgerichtlichen Genehmigung bedarf.

Ich entbinde die mich behandelnden Ärzte/Pflegepersonal/nichtärztliches Personal gegenüber de...... Bevollmächtigten von seiner/ihrer Schweigepflicht. Die Ärzte sind verpflichtet, de...... Bevollmächtigten auf Anforderung jede gewünschte Auskunft über meine Erkrankung zu geben und Einsicht in die Krankenunterlagen zu gewähren.

Eine evtl. Unwirksamkeit einzelner Verfügungen/Festlegungen über diese Vollmacht soll die Wirksamkeit der anderen Verfügungen nicht berühren.

§ 3 Betreuungsverfügung

Sollte diese vorgenannte Vollmachtsregelung nicht zur Erledigung aller Aufgaben für mich ausreichen, schlage ich dem zuständigen Vormundschaftsgericht nach § 1897 Abs. 4 BGB mein........... in § 1 bestimmte........... Bevollmächtigte.................. ...., als Betreuer...... vor. Im Verhinderungsfalle oder bei einer nicht erfolgten Übernahme der Betreuung als Ersatzperson meines Vertrauens ...., wie zuvor als Ersatzbevollmächtigte... benannt.

Soweit eine Kontrollbetreuungsbestellung nach § 1896 Abs. 3 BGB erforderlich werden sollte, bitte ich hierfür die benannte Ersatzperson, ansonsten Frau/Herrn .... hierfür vorzusehen.

Ergänzend wünsche ich, dass Frau/Herr ....

keinesfalls für/in meine Betreuung/ein amtliches Betreuungsverfahren vorgesehen/eingebunden werden soll.

§ 4 Weitere Hinweise/Festlegungen

...., den ....

....
Unterschrift des Vollmachtgebers und Verfügenden

Zeugenbestätigung:

Zeuge 1:
Ich bestätige heute mit meiner Unterschrift, dass .... obige Allgemeine Vollmacht, Vorsorge- und Betreuungsvollmacht und eine separat abgefasste Patientenverfügung eigenhändig und im Vollbesitz seiner/ihrer geistigen und körperlichen Kräfte verfasst hat und Frau/Herr .... dies selbstbestimmt und ohne jeglichen äußeren Einfluss verfügte. Frau/Herr .... ist nach voller Überzeugung des Unterzeichners, die auf den persönlichen Eindruck und dem ständigen Kontakt zu ihm beruht, ohne jeden Zweifel geschäftsfähig/einsichtsfähig.

Als Zeuge: ...., geboren am ....,

wohnhaft in ....

....
Unterschrift des Zeugen

Zeuge 2:
Ich bestätige heute mit meiner Unterschrift, dass .... obige Allgemeine Vollmacht, Vorsorge- und Betreuungsvollmacht und eine separat abgefasste Patientenverfügung eigenhändig und im Vollbesitz seiner/ihrer geistigen und körperlichen Kräfte verfasst hat und Frau/Herr .... dies selbstbestimmt und ohne jeglichen äußeren Einfluss verfügte. Frau/Herr .... ist nach voller Überzeugung des Unterzeichners, die auf den persönlichen Eindruck und dem ständigen Kontakt zu ihm beruht, ohne jeden Zweifel geschäftsfähig/einsichtsfähig.

Als Zeuge: ...., geboren am ....,

wohnhaft in ....

....

Unterschrift des Zeugen

Betreuungsverfügung

Ich, ..., geboren am ....,

wohnhaft in ....,
verfüge für den Fall, dass für mich eine Betreuung eingerichtet werden soll, dass

Herr/Frau ...., geboren am ....,

wohnhaft in ....,
mein Betreuer/meine Betreuerin werden soll.
Sollte .... nicht in der Lage oder nicht bereit sein, meine Betreuung zu übernehmen, benenne ich hiermit folgende Person als Betreuer/Betreuerin:

Herr/Frau ...., geboren am ....,

wohnhaft in ....,
Auf keinen Fall soll zum Betreuer/Betreuerin bestellt werden:

Herr/Frau ...., geboren am ....,

wohnhaft in ....
Sollte ich ein Pflegefall werden, will ich so lang wie möglich zu Hause gepflegt werden. Die häusliche Pflege soll erfolgen durch

....
Sofern sich eine häusliche Pflege nicht verwirklichen lässt, wähle ich die folgende Einrichtung:

....
Ich wünsche keine Unterbringung in folgender Einrichtung:

....
Ich wünsche, dass mein Lebensstandard so lange wie möglich aufrechterhalten wird, auch wenn dazu mein gesamtes Vermögen verbraucht werden muss.
Diese Verfügung gilt unabhängig von separat erteilten Vollmachten.

...., den ....

....
Unterschrift des Vollmachtgebers und Verfügenden

Zeugenbestätigung:

Zeuge 1:

Ich bestätige heute mit meiner Unterschrift, dass Frau/Herr .... obige Betreuungsverfügung eigenhändig und für mich erkennbar im Vollbesitz seiner/ihrer geistigen und körperlichen Kräfte verfasst hat, selbstbestimmt und ohne jeglichen äußeren Einfluss hierzu verfügte. Frau/Herr .... ist nach voller Überzeugung des Unterzeichners, die auf den persönlichen Eindruck und dem ständigen Kontakt zu ihr/ihm beruht, ohne jeden Zweifel nach meiner Überzeugung geschäftsfähig/einsichtsfähig.

Als Zeuge: Frau/Herr ....,

geboren am ....,

wohnhaft in ....,

....

Datum, Unterschrift des Zeugen

Zeuge 2:

Ich bestätige heute mit meiner Unterschrift, dass Frau/Herr .... obige Betreuungsverfügung eigenhändig und für mich erkennbar im Vollbesitz seiner/ihrer geistigen und körperlichen Kräfte verfasst hat, selbstbestimmt und ohne jeglichen äußeren Einfluss verfügte. Frau/Herr .... ist nach voller Überzeugung des Unterzeichners, die auf den persönlichen Eindruck und dem ständigen Kontakt zu ihr/ihm beruht, ohne jeden Zweifel nach meiner Überzeugung geschäftsfähig/einsichtsfähig.

Als Zeuge: Frau/Herr ....,

geboren am ....,

wohnhaft in ....,

....

Datum, Unterschrift des Zeugen

Dokumente zur Patientenverfügung

Patientenverfügung

Sollte ich, ...,

geboren am ....,

wohnhaft in ....,

derzeit im Vollbesitz meiner geistigen Kräfte, aufgrund meiner möglichen Gebrechlichkeit bzw. Bewusstlosigkeit nicht mehr in der Lage sein, meine eigenen Wünsche, Vorstellungen und eigenen Willen gegenüber behandelnden Ärzten zu äußern, so möchte ich über nachfolgende

Patientenverfügung

bereits Folgendes festlegen:

1. Ich bevollmächtige hiermit , ...

   wohnhaft ....,

   geboren am ...., mich in allen medizinischen Angelegenheiten zu vertreten. Mein...... Bevollmächtigte...... darf in sämtliche Maßnahmen zur Diagnose und Behandlungen von Krankheiten einwilligen, die Einwilligung hierzu verweigern oder zurücknehmen, Krankenunterlagen einsehen und in deren Herausgabe an Dritte einwilligen. Zu diesem Zweck entbinde ich die mich behandelnden Ärzte und deren nichtärztliche MitarbeiterInnen gegenüber meine...... Bevollmächtigten von der Schweigepflicht. Die Entscheidungen meine...... Bevollmächtigten sind für die behandelnden Ärzte verbindlich. Diese Bevollmächtigung ist jederzeit ohne besondere Form widerruflich. Sollte mein...... Bevollmächtige...... nicht in der Lage oder hierzu bereit sein, benenne ich

   ....,

   geboren am ....,

   wohnhaft in ....als meine.......

   Ersatzbevollmächtigte.......
2. Dies vorausgeschickt, erkläre ich hiermit, dass ich im Falle irreversibler Bewusstlosigkeit, wahrscheinlicher schwerer Dauerschädigung des Gehirns oder des dauernden Ausfalls lebenswichtiger Funktionen

meines Körpers oder bei ungünstiger Prognose hinsichtlich meiner Erkrankung mit einer Intensivtherapie oder Reanimation nicht einverstanden bin. Für den Fall, dass durch eine solche ärztliche Maßnahme nicht mehr erreicht werden kann als eine Verlängerung des Leidens, verweigere ich hiermit ausdrücklich die Zustimmung zu weitergehenden ärztlichen Eingriffen, zumal wenn sie mit erheblichen Schmerzen und Leidenszuständen verbunden sind.

3. Sollten Diagnose und Prognose der mich dann behandelnden Ärzte – ungeachtet der Möglichkeit einer Fehldiagnose – ergeben, dass meine Krankheit zum Tode führen und mir aller Voraussicht nach große Schmerzen bereiten wird, so wünsche ich keine weiteren diagnostischen Eingriffe und keine Verlängerung meines Lebens mit den Mitteln der Intensivtherapie. Sollte ich eine Hirnschädigung oder eine Gehirnerkrankung haben, durch die meine normalen geistigen Funktionen schwer wiegend und irreparabel geschädigt worden sind, so bitte ich um eine Einstellung der Therapie, sobald durch die behandelnden Ärzte festgestellt wird, dass ich künftig nicht mehr in der Lage sein werde, ein menschenwürdiges Dasein zu führen. Dies gilt insbesondere dann, wenn ich bei schwersten körperlichen Leiden und/oder in Dauerbewusstlosigkeit ohne medizinisch begründete Aussicht auf Wiedererlangung des Bewusstseins in einem Koma, auch Wachkoma, liege sowie für den Fall, dass bei geistigem Verfall keinerlei medizinisch begründete Aussicht mehr auf eine Wiederherstellung eines erträglichen und menschenwürdigen Lebens gegeben ist. Dies gerade für den Fall, dass ich mich in einem medizinisch nicht mehr abwendbaren Sterbeprozess befinde, dies auch für das Endstadium einer tödlich verlaufenden, unheilbaren Krankheit, wenn die Sterbephase noch nicht begonnen hat. Es sollen dann keine Reanimationsmaßnahmen oder lebenserhaltende Maßnahmen an mir vorgenommen werden, insbesondere keine Intensivtherapie, Transplantationen, operative Eingriffe und/oder künstliche Lebensverlängerung durch künstliche Beatmung oder Herzwiederbelebungsmaßnahmen.
4. Soweit bei Verlust meiner Kommunikationsfähigkeit und meiner erfolgten Festlegung zum Verzicht/Abbruch von lebensverlängernden Maßnahmen wünsche ich auch keine künstliche Ernährung oder Flüssigkeitszufuhr durch Sonden, Infusionen bei dieser zuvor genannten Situation. Im Bewusstsein, dass damit eine nach meiner Ansicht nicht notwendige Verlängerung meines Leidens- und auch Sterbeprozesses vermieden wird. Jedoch bei Beachtung einer menschenwürdigen Pflege und Unterbringung mit sachgerechter dann angemessener medizinischer Begleitung.
5. Wenn ich die Ärzte bitte, das Recht auf einen nach meinen Vorstellungen und Wünschen würdigen Tod zu beachten, so heißt das nicht, dass ich damit die ärztliche Hilfe und Behandlung/Pflege in der Form

ausreichender Medikation und Leidensminderung generell ablehne. Vielmehr setze ich mein Vertrauen in von ärztlicher Seite aus anzuordnende schmerzlindernde Medikation, palliative Behandlungsmaßnahmen, Bewusstseinsdämpfende Mittel zur Schmerz- und Symptombehandlung, auch wenn diese zur Bewusstseinsausschaltung oder wegen ihrer Nebenwirkungen zu einem früheren Ableben führen sollten.

6. Für die oben beschriebenen Fälle verfüge ich, dass mögliche Begleiterkrankungen dann nicht behandelt werden und eine bereits begonnene Behandlung abgebrochen werden soll.

7. Ich wünsche, dass die oben getroffenen Regelungen für den behandelnden Arzt und/oder Verantwortlichen als bindend und meinem Willen entsprechend angenommen werden. Die Adressaten dieser Patientenverfügung sollen an meine Erklärungen gebunden sein.

8. In der akuten Situation soll mir im Weiteren keine Änderung meines in dieser Verfügung bekundeten Willens unterstellt werden. Für den Fall einer Willensänderung werde ich dafür Sorge tragen, dass mein geänderter Wille erkennbar zum Ausdruck kommt.

9. **(falls nicht zutreffend, streichen)** Für den Fall meines Todeseintritts bestimme ich dann ergänzend, dass ich mit einer Obduktion meines Körpers einverstanden bin, dies gilt auch für gebotene Organentnahmen bei Sicherstellung einer ordnungsgemäßen Organspende. Ich bin Organspender und verweise insoweit auf den vorhandenen Organspenderausweis in meinen persönlichen Unterlagen. Die dort erklärten Verfügungen gelten ergänzend nach wie vor.

10. **(falls nicht zutreffend, streichen)** Ich lehne jegliche Entnahme meiner Organe nach meinem Tode zu Transplantationszwecken ab.

11. **(Je nach Wunsch, sonst streichen)** Ich bin grundsätzlich mit einer Obduktion einverstanden, wenn sich dadurch die Ursache meines Ablebens klären lässt.

12. **(Je nach Wunsch, sonst streichen)** Ich wünsche die seelsorgerische Begleitung durch einen Vertreter/Beistand der .... Kirche, auch in meiner Sterbephase bei Beachtung meines religiösen Empfindens, Wertevorstellungen bei bestehender Kirchenzugehörigkeit.

13. **(Je nach Wunsch, sonst streichen)** Ich wünsche die Begleitung eines hospizlichen Beistands/folgender Person

    ....

14. **(je nach Wunsch, sonst streichen)** Hinweisen möchte ich darauf, dass ich zudem eine Vorsorgevollmacht mit Betreuungsverfügung bereits errichtet habe.

Diese Patientenverfügung gilt unabhängig von den separat erteilten Vollmachten.

...., den ....

....

Unterschrift des Vollmachtgebers und Verfügenden

Zeugenbestätigung:

Zeuge 1:

Ich bestätige heute mit meiner Unterschrift, dass Frau/Herr .... obige Patientenverfügung eigenhändig und für mich erkennbar im Vollbesitz seiner/ihrer geistigen und körperlichen Kräfte verfasst hat, selbstbestimmt und ohne jeglichen äußeren Einfluss hierzu verfügte. Frau/Herr .... ist nach voller Überzeugung des Unterzeichners, die auf den persönlichen Eindruck und dem ständigen Kontakt zu ihr/ihm beruht, ohne jeden Zweifel nach meiner Überzeugung geschäftsfähig/einsichtsfähig.

Als Zeuge: Frau/Herr ....,

geboren am ...., wohnhaft ....

....

Datum, Unterschrift des Zeugen

Zeuge 2:

Ich bestätige heute mit meiner Unterschrift, dass Frau/Herr .... obige Patientenverfügung eigenhändig und für mich erkennbar im Vollbesitz seiner/ihrer geistigen und körperlichen Kräfte verfasst hat, selbstbestimmt und ohne jeglichen äußeren Einfluss verfügte. Frau/Herr .... ist nach voller Überzeugung des Unterzeichners, die auf den persönlichen Eindruck und dem ständigen Kontakt zu ihr/ihm beruht, ohne jeden Zweifel nach meiner Überzeugung geschäftsfähig/einsichtsfähig.

Als Zeuge: Frau/Herr ....,

geboren am ...., wohnhaft ....

....

Datum, Unterschrift des Zeugen

Bevollmächtigung zur Durchsetzung der Verfügung

Ich habe folgende Person damit bevollmächtigt und beauftragt, meinen Wünschen, wie oben beschrieben, Geltung zu verschaffen:

Herrn/Frau ...., geboren am: ....,

wohnhaft in: .... Telefon: ....

Sollte er/sie nicht in der Lage oder nicht mehr bereit sein, diese Aufgabe zu erfüllen, benenne ich hiermit folgende Person und bevollmächtige diese, meinen Wünschen – wie oben beschrieben – Geltung zu verschaffen:

Herrn/Frau ...., geboren am: ....,

wohnhaft in: .... Telefon: ....

Ich erteile hiermit Herrn/Frau .... Vollmacht, für mich mit den behandelnden Ärzten und/oder Verantwortlichen, alle erforderlichen Entscheidungen im Sinne meines oben verfügten Willens abzusprechen und dafür zu sorgen, dass dieser Wille durchgesetzt wird.

Die von mir bevollmächtigte Vertrauensperson darf zu diesem Zweck auch meine Krankenunterlagen einsehen und in deren Herausgabe an Dritte einwilligen. Die mich behandelnden Personen und/oder Verantwortlichen sind zu diesem Zweck hiermit gegenüber Herrn/Frau .... von ihrer Schweigepflicht entbunden.

Sollte ein Betreuer für mich bestellt worden sein, gilt das Obige auch für diesen.

...., den ....

....

Unterschrift des Verfügenden

Dokumente für Testamentsunterlagen

Von mir erstellte Testamentsunterlagen/ Letztwillige Verfügungen

Ich habe ein

Zutreffendes bitte ankreuzen:

Einzeltestament am .... ❑

gemeinschaftliches Testament am .... errichtet. ❑

Es liegt ein Erbvertrag durch das Notariat ...., ❑
UR-Nr. .... vor.

Die Originalpapiere sind wie folgt hinterlegt/aufbewahrt:

....

....

Zutreffendes bitte ankreuzen:

Für den Fall meines Todes ist unverzüglich das Bürgermeisteramt/Standesamt meines Wohnortes von meinem Ableben zu unterrichten. ❑

Meine letztwilligen Verfügungen sind bei dem bislang für mich zuständigen Notariat .... abzugeben. ❑

Meine letztwilligen Verfügungen sind bei dem zuständigen Notariat .... zur Aufbewahrung hinterlegt. ❑
Das Notariat ist von meinem Todesfall zu unterrichten.

....

Ort, Datum Eigenhändige Unterschrift

Von mir zu Lebzeiten erteilte Vollmachten

	Zutreffendes bitte ankreuzen:
Ich habe bereits zu Lebzeiten Frau/Herrn ...., zuletzt wohnhaft in ...., Telefon-Nr.: .... Vollmacht in meinen finanziellen Angelegenheiten erteilt. Eine Kopie der Vollmacht befindet sich bei meinen Testamentsunterlagen.	❑
Ich habe eine umfassende, über den Todesfall teilweise wirksame Vorsorgevollmacht erteilt.	❑
Ich habe diese Vorsorgevollmacht erstellt und erteilt; die Originalvollmacht befindet sich	
bei meinen persönlichen Unterlagen,	❑
im Besitz des Bevollmächtigten.	❑
Der Bevollmächtigte hat eine Kopie hiervon.	❑
Sie ist registriert im Zentralen Vorsorgeregister.	❑

Die darin erteilten Bevollmächtigungen sollten auch von meinem/n Erben ergänzend einvernehmlich beachtet werden.

Ich bitte insoweit sofort Kontakt zu dem Bevollmächtigten aufzunehmen, ihn von meinem Todesfall zu verständigen und Sorge dafür zu tragen, dass die Vollmacht bei Bedarf im Hinblick auf die weitergehende Nachlassabwicklung entsprechend meinen testamentarischen Verfügungen dann zurückgegeben wird.

Weitere Anordnungen

	Zutreffendes bitte ankreuzen:
Ich weise ergänzend auf die zusätzlichen Kontovollmachten bei der ....-Bank/Sparkasse in...................................hin. Damit dürfte auch der Zugriff auf notwendige Barmittel gleich nach meinem Tode sichergestellt sein.	❑

Zutreffendes bitte ankreuzen:

Falls der Vollmachtsinhaber über den Tod hinaus bevollmächtigt sein soll: Es ist mein Wunsch, dass bis zur vollständigen Nachlassabwicklung im Hinblick auf mein bestehendes Vertrauensverhältnis der legitimierte Vollmachtsinhaber weiterhin bevollmächtigt bleibt, wobei der Bevollmächtigte meinen Erben gegenüber natürlich umfassend Rechenschaft und Auskunft zu legen hat. ❏

....

Ort, Datum Eigenhändige Unterschrift

Mein eingesetzter Testamentsvollstrecker

Ich habe für den Fall meines Todes schriftlich niedergelegt, dass eine Testamentsvollstreckung stattfinden soll. Als Testamentsvollstrecker habe ich hierbei

Frau/Herrn ....,

wohnhaft in ....,

Telefon-Nr. ....

benannt. Es sollte sofort der Testamentsvollstrecker von meinem Todesfall verständigt werden, mit der Maßgabe, dass dieser einvernehmlich mit meinem/n Erben die anstehende Bestattung insgesamt in angemessener Weise, auch unter Berücksichtigung des Inhalts meiner letztwilligen Verfügung/den nachfolgenden Hinweisen und Wünschen ausführt.

....	....
Ort, Datum	Eigenhändige Unterschrift

Meine Vorgaben für den Todesfall

Ergänzend zu den von mir bereits erteilten Verfügungen und Vorgaben sollte im Todesfall ergänzend Folgendes beachtet werden:

Bestattungsunternehmen

	Zutreffendes bitte ankreuzen:
Nach meinem Tod sollte alsbald ein örtliches Bestattungsunternehmen beauftragt werden.	❑
Nach meinem Tod sollte das mir bekannte Bestattungsunternehmen ...., Anschrift: .... mit der Gesamtabwicklung der Bestattung beauftragt werden.	❑
Ich habe bereits mit dem Bestattungsunternehmen ...., Anschrift ...., Telefon-Nr. ...., für den Fall meines Todes einen Vorsorgevertrag abgeschlossen, der weitere Einzelheiten für die Durchführung meiner Bestattung enthält.	❑

Bestattungswünsche

Ich wünsche hiermit ausdrücklich eine

	Zutreffendes bitte ankreuzen:
Erdbestattung	❑
Feuerbestattung	❑
Seebestattung	❑

Ich habe folgende weitere Bestattungswünsche:

....

....

....

Für die Durchführung der Bestattung wünsche ich Folgendes:

	Zutreffendes bitte ankreuzen
Es soll eine anonyme Bestattung stattfinden, das heißt außer an meinen Kreis der nahen Angehörigen und nachfolgend ausdrücklich erwähnten Bekannten/Freunden .... sollen keine weiteren öffentlichen oder sonstigen Benachrichtigungen erfolgen.	❑
Ich wünsche aus persönlichen Gründen nicht, dass Frau/Herr .... von meinem Tod benachrichtigt wird.	❑
Ich wünsche eine kirchliche Trauerfeier, die nach Möglichkeit durch Frau/Herrn .... geleitet werden soll.	❑
Ich möchte aus persönlichen Gründen	
auf die Durchführung einer kirchlichen Trauerfeier	❑
auf eine Trauerfeier mit einem Trauerredner	❑
ausdrücklich verzichten.	
Soweit keine näheren Angehörigen vorhanden sind, kann Auskünfte über meinen Lebensweg ergänzend Frau/Herr ...., Anschrift: .... erteilen.	❑
Was die Trauerfeier angeht, habe ich ergänzend noch folgende Wünsche (zur musikalischen Umrahmung, Bibeltexte etc.):	❑
Ich wünsche keine Bekanntmachung des Bestattungstermins über eine Traueranzeige in der örtlichen Zeitung.	❑
Statt einer Traueranzeige in unserer örtlichen Zeitung wünsche ich einen Nachruf in der örtlichen Tageszeitung.	❑
Statt Blumen sollte zur Spende zugunsten der gemeinnützigen Organisation .... in der Zeitungsanzeige/Trauerkarte aufgerufen werden.	❑
Im Anschluss an die Trauerfeier wünsche ich, dass im engen Angehörigen- und Freundeskreis eine angemessene Bewirtung stattfindet.	❑

	Zutreffendes bitte ankreuzen
Ich wünsche zudem, dass vorab von dem Bestattungstermin folgende Institutionen/Vereine benachrichtigt werden:	❑

Grabstelle

Ich wünsche im Übrigen, dass ich auf dem Friedhof in .... beigesetzt werde. ❑

Es liegt ein Grabpflegevertrag vor bei ....; die vertraglichen Unterlagen befinden sich bei folgenden Papieren: ❑

....

....

Zur Grabpflege habe ich eine testamentarische Anordnung getroffen, die beachtet werden sollte. ❑

Grabstein

Was den Grabstein angeht, sollte dieser aus .... (Art des Grabsteins) sein, nach Möglichkeit durch den Steinmetzbetrieb .... ❑

Ich wünsche auf dem Grabstein folgende Angaben: ❑

....

....

Auf dem vorhandenen Grabstein sollten entsprechend der bisherigen Beschriftung meinen persönlichen Angaben zusätzlich zugefügt werden: ❑

....

....

Zutreffendes bitte ankreuzen

Auf dem vorhandenen Grabstein sollte folgende Beschriftung angebracht werden: ❑

....

....

Haben Sie an alles gedacht?

Checkliste zum Testament

Was soll Ihr letzter Wille beinhalten?	
Analysieren Sie Ihre persönliche Vermögenssituation, Ihre Besitz- und Eigentumsverhältnisse, aber auch Ihre bestehenden bzw. künftigen finanziellen Verpflichtungen.	❑
Hiervon ausgehend: Wer soll als Erbe/Erben berufen werden und wer nicht? Sollen Vermächtnisse ausgesetzt werden?	❑
Suchen Sie gemeinsam mit Ihrem Steuerberater oder einem Notar, falls dieser zur Beratung bereit ist, nach den besten steuerlichen Lösungen für Ihre Erben.	❑
Möchten Sie bereits zu Lebzeiten – auch zur Nutzung von Steuervorteilen –einen Teil Ihres Vermögens übertragen oder verschenken?	❑
Lassen Sie überprüfen, ob Schenkungen zu Lebzeiten steuerlich günstiger als eine Erbschaft sind.	❑
Wenn Sie an eine Vermögensübertagung zu Lebzeiten denken: Was benötigen Sie als eiserne Reserve für den Krankheits- oder Pflegefall bzw. Ihren künftigen Alterswohnsitz und für eine angemessene Alterversorgung?	❑
Haben Sie die Vollmachten über den Tod hinaus im Griff? Ist die Bank informiert? Ist die dortige Verfügung durch Erben oder Bevollmächtigte nach Bankformularen gewährleistet, um nach dem Todesfall sofort handeln zu können? Besteht ergänzend eine Vorsorgevollmacht, um die Handlungsfähigkeit Ihrer Vertrauensperson nach Ihrem Ableben zu gewährleisten?	❑
Wo und für wen sind, über ohnehin schon bestehende familiäre Bindungen hinaus, weitere Zuwendungen bzw. Verfügungen auf den Todesfall hin geboten?	❑
Sollten von Angehörigen oder Dritten erbrachte Pflegeleistungen über ein Geldvermächtnis honoriert werden?	❑

Was soll Ihr letzter Wille beinhalten?	
Welche Verfügungen auf den Todesfall hin sind schon getroffen? Was müssen Sie neu aufsetzen, überarbeiten, vielleicht erstmals für den eigenen Todesfall festlegen? Können Sie ältere Ehegattentestamente ändern?	❑
Wer soll überwachen, dass Ihr Testament nach Ihren Wünschen durchgesetzt wird? Wählen Sie hierzu eine Person Ihres Vertrauens aus. Ist eine Testamentsvollstreckung in Ihrem Sinne?	❑
Gibt es für Bevollmächtigte, Vertrauenspersonen und natürlich auch die vorgesehenen Erben eine schnell auffindbare Übersicht Ihrer persönlichen Verhältnisse ohne finanziellen Hintergrund?	❑
Haben Sie Ihre Wünsche für die Bestattung und sonstige Vorgaben bei Eintritt Ihres Todesfalls schnell auffindbar niedergelegt?	❑

Checkliste zu Letzwilligen Verfügungen

Wenn Sie bei der Testamentserstellung keinen Notar zu Rate ziehen wollen	
Prüfen Sie, ob nicht doch der Gang zum Notar notwendig ist. Notwendig ist ein Notar auf jeden Fall bei einem Erbvertrag und bei einer Vermögensübertragung zu Lebzeiten, insbesondere wenn es um Immobilien geht. Dringend empfehlenswert ist die Beratung zur Testamentserstellung durch einen Anwalt oder einen Notar, wenn Sie über einfache Erbeinsetzungen hinaus besondere Verfügungen treffen wollen. Beachten Sie: Klare rechtlich zutreffende Regelungen durch eine auch finanziell verkraftbare Erstberatung vermeiden spätere Streitigkeiten zwischen den Angehörigen.	❑
Es reicht nicht aus, Mustervorlagen zu unterschreiben. Schreiben Sie unbedingt die für Sie zutreffenden Formulierungen aus der Mustervorlage per Hand ab. Nutzen Sie dabei einen dokumentenechten Stift. Bei Ehegattentestamenten muss dann der Ehepartner mit Datumsangabe die zuvor getroffenen Verfügungen eigenhändig bestätigen.	❑
Widerrufen und vernichten Sie früher erstellte Testamente, die keine Gültigkeit mehr haben sollen. Vergessen Sie nicht, den Zusatz zum Widerruf früherer Verfügungen in das neue Testament aufzunehmen. Das schließt Missverständnisse aus und gibt Sicherheit.	❑
Bezeichnen Sie die Erben eindeutig (Beispiel: „Zu meinem alleinigen Erben setze ich ein Hans Peter Müller, geb. am 12.03.1970, wohnhaft derzeit in Groß-Umstadt, Kleinstraße 40"). Nennen Sie alle Ihnen bekannte Personalien, gerade wenn es um entfernte Verwandte oder nicht mit Ihnen Verwandte geht.	❑
Sollen bestimmte Personen einzelne Vermögensgegenstände erhalten? Bezeichnen Sie diese Vermächtnisse genau und eindeutig. Nennen Sie die Umstände, wo und wann Vermächtnisgegenstände von Ihren Erben übergeben werden sollen	❑

Wenn Sie bei der Testamentserstellung keinen Notar zu Rate ziehen wollen	
Haben Sie festgelegte Bezugsberechtigungen von Lebensversicherungen mit den Erb- oder Vermächtnisansprüchen der Begünstigten abgeglichen? Überprüfen Sie zur Sicherheit bei älteren Lebensversicherungen die Bezugsrechte. Der Grund: Ein Bezugsrecht gegenüber dritten Personen fällt nicht in den Nachlass, kann aber möglicherweise eine Schenkung sein.	❑
Soll die Erbeinsetzung unter bestimmte Bedingungen gestellt werden?	❑
Bestimmen Sie jetzt bereits, wer Testamentsvollstrecker sein und Ihren letzten Willen durchsetzen soll. Das ist besonders wichtig, wenn Sie minderjährige Abkömmlinge begünstigen wollen.	❑
Behindertentestament: Soweit behinderte Personen bzw. Abkömmlinge bedacht werden sollen, sollten Sie unbedingt eine umfassende rechtliche Beratung in Anspruch nehmen. Nur mit fundierter Beratung stellen Sie sicher, dass der Begünstigte entsprechend Ihrer Wünsche auch nach Ihrem Tod richtig versorgt ist.	❑
Unternehmertestament: Sie sollten unbedingt auch wegen der neuen Erbschaftsteuerregelungen seit 01.01.2009 die fachliche Beratung durch Angehörige der rechts- oder steuerberatenden Berufe in Anspruch nehmen. Die im betrieblichen Interesse getroffenen Verfügungen sollten Sie auch mit den persönlichen Verfügungen in Einklang bringen.	❑
Setzen Sie unter Nachträge zum Testament stets Ort und Datum sowie Ihre Unterschrift – versehen mit dem Hinweis auf Ergänzung des genau bezeichneten Ursprungstestaments. Bei vorliegenden Notartestamenten sollten Sie den Notar einbeziehen.	❑

Patientenverfügung

Haben Sie ein klärendes Gespräch mit Ihrem Arzt geführt, um alle für Sie in Betracht kommenden medizinischen Maßnahmen durchdenken zu können und evt. für sich auszuschließen?	Ja Nein	❑ ❑
Haben Sie alle Ihre Wertvorstellungen, vor allem aber zur Einleitung, zum Umfang oder zur Beendigung bzw. Ablehnung von Maßnahmen niedergelegt?	Ja Nein	❑ ❑
Haben Sie alle Vorgaben für verschiedene persönliche Situationen getroffen, so z. B. für die Sterbephase oder den Fall einer unheilbaren Erkrankung?	Ja Nein	❑ ❑
Kommt für Sie der Ausschluss schwerwiegender ärztlicher Eingriffe in Betracht, wie etwa künstliche Beatmung, künstliche Ernährung, Organtransplantation oder Dialyse – und haben Sie in der Verfügung darauf hingewiesen?	Ja Nein	❑ ❑
Haben Sie einen vertrauenswürdigen Ansprechpartner bestimmt, der an Ihrer Stelle für die Behandlungsvorgänge sowie für die Auslegung von Patientenverfügungen zur Verfügung steht? Beachten Sie dabei: Durch die Bevollmächtigung besitzt die Vertrauensperson dann auch einen uneingeschränkten Auskunftsanspruch gegenüber dem Arzt bzw. Pflegepersonal.	Ja Nein	❑ ❑
Haben Sie den Ansprechpartner darüber informiert, dass er in Ihrer Verfügung diese Rolle zugewiesen bekommen hat?	Ja Nein	❑ ❑
Kommt ein Ersatzansprechpartner in Betracht, falls der erste Ansprechpartner ausfällt? Wenn ja: Haben Sie ihn in der Verfügung benannt?	Ja Nein	❑ ❑
Haben Zeugen Ihre selbstbestimmte Verfügung bereits bestätigt?	Ja Nein	❑ ❑
Haben Sie Ihre Verfügung so hinterlegt (z. B. bei Ihrem Hausarzt), dass sie im Notfall sofort aufgefunden wird?	Ja Nein	❑ ❑

Haben Sie in regelmäßigen Zeitabständen bestätigt, dass Ihre Verfügung noch aktuell ist?	Ja ❑ Nein ❑

Vorsorgevollmacht

Geht aus Ihrer Vorsorgevollmacht hervor, dass der von Ihnen gewählte Bevollmächtigte rechtlich verbindlich beauftragt wird?	Ja ❑ Nein ❑
Haben Sie einen Ersatzbevollmächtigten bestellt, der einspringt, falls der Erstbevollmächtigte seine Aufgabe nicht ausüben kann?	Ja ❑ Nein ❑
Haben Sie einen Kontrollbevollmächtigten bestimmt, der die Einhaltung Ihrer Vollmachtvorgaben überwacht?	Ja ❑ Nein ❑
Haben Sie Ihre persönliche Versorgung geregelt? Hierunter fallen Regelungen zur Gesundheitssorge und zur Aufenthaltsfrage für den Vorsorgefall.	Ja ❑ Nein ❑
Gerade bei der Aufenthaltsfrage sollte eine Klarstellung erfolgen, dass zunächst immer eine Versorgung in der häuslichen Umgebung erfolgen soll.	Ja ❑ Nein ❑
Bei Regelungen zur Gesundheitssorge sollte eine Abstimmung mit einer eventuell bestehenden Patientenverfügung erfolgen. Hier darf es nicht zu Widersprüchen kommen.	Ja ❑ Nein ❑
Machen Sie dem Bevollmächtigten deutlich, was Ihnen wichtig ist, beispielsweise der regelmäßige Besuch eines Gottesdienstes oder der Besuch des Grabes des verstorbenen Ehegatten.	Ja ❑ Nein ❑
Bei der Regelung der Vermögensangelegenheiten sollten Sie Vorgaben machen, wie z. B. die Kapitalanlageform gewählt werden sollte. Oder geben Sie eine Anweisung, dass der Bevollmächtigte den Rat einer bestimmten Person/Bank bei der Kapitalanlage befolgen soll.	Ja ❑ Nein ❑
Fixieren Sie ausdrücklich, was Ihnen bei der Kapitalanlage wichtig ist und welches Risiko der Bevollmächtigte eingehen darf. Banken arbeiten üblicherweise mit fünf Risikoklassen der Kapi-	Ja ❑ Nein ❑

talanlage. Nennen Sie nach Rücksprache mit Ihrer Bank eine Risikoklasse, die der Bevollmächtigte nicht überschreiten darf.

Weisen Sie den Bevollmächtigten an, Ihr Vermögen getrennt von seinem Privatvermögen zu halten.	Ja ❑ Nein ❑
Bei mehreren Bevollmächtigten können Sie zwar eine Einzelvertretungsbefugnis erteilen, aber dennoch für das Innenverhältnis regeln, dass nach einer bestimmten Rangfolge zu handeln ist. So können Sie anordnen, dass zunächst Ihr Ehegatte berechtigt sein soll und erst anschließend Ihre Kinder (auch hier Reihenfolge festsetzen).	Ja ❑ Nein ❑
Regeln Sie die Auskunfts- und Rechenschaftspflicht des Bevollmächtigten, also wann und ob überhaupt Auskunft erteilt und Rechenschaft durch den Bevollmächtigten abgelegt werden soll.	Ja ❑ Nein ❑
Nehmen Sie ggf. eine Haftungsbegrenzung bei einer Bevollmächtigung im rein privaten Bereich auf Vorsatz und grobe Fahrlässigkeit auf.	Ja ❑ Nein ❑
Treffen Sie Regelungen, ob der Bevollmächtigte eine Vergütung erhalten soll, wenn ja, in welcher Höhe und wann die Auszahlung erfolgen soll. Ebenso ist die Frage des Aufwendungsersatzanspruchs zu regeln, wenn z. B. der Bevollmächtigte zunächst auf eigene Kosten für den Vollmachtgeber Geld ausgelegt hat.	Ja ❑ Nein ❑
Haben Sie sichergestellt, dass Ihre Vorsorgevollmacht im Ernstfall auch aufgefunden wird? Ist die Vorsorgevollmacht beim Vorsorgeregister registriert?	Ja ❑ Nein ❑

Die Autoren

Michael Baczko

Michael Baczko ist seit 1987 als Anwalt in Erlangen tätig. 1990 wurde ihm der Titel „Fachanwalt für Sozialrecht“ verliehen. Er ist u. a. Vertrauensanwalt der Stiftung Gesundheit und Vorstandsmitglied verschiedener sozialer Institutionen und Vereine. Den Zuschauern der Sendung „Escher. Der MDR-Ratgeber“ ist er seit Langem als Experte bekannt.

Constanze Trilsch

Dr. Constanze Trilsch ist seit 1988 in Dresden als Rechtsanwältin tätig. Sie beschäftigt sich seit etwa siebzehn Jahren ausschließlich mit Erbrecht und Vermögensnachfolge und ist Fachanwältin für Erbrecht. In der Sendung „Escher. Der MDR-Ratgeber“ tritt sie seit zwölf Jahren als Expertin für Erbrecht auf.